Litchi

CE1

Mathématiques

Fichier de l'élève

programmes 2018

Catherine VILARO
Conseillère pédagogique

Didier FRITZ
Inspecteur de l'Éducation nationale

istra

Édition : Anne-Gabrielle ANGER
Maquette de couverture : David BART
Illustration de couverture : Fanny DENISSE
Exécution de la couverture : TYPO-VIRGULE
Création de la maquette intérieure : David BART
Mise en pages : TYPO-VIRGULE
Illustrations : Fanny DENISSE (personnages, objets, animaux) ; Jacky CHOÏ et Anaïs THIBAUD (dessins techniques).
Fabrication : Marc CHALMIN

PAPIER À BASE DE FIBRES CERTIFIÉES

hachette s'engage pour l'environnement en réduisant l'empreinte carbone de ses livres. Celle de cet exemplaire est de :
1,417 kg éq. CO_2
Rendez-vous sur www.hachette-durable.fr

ISBN : 978-2-01-700942-9

Avant-propos

Les premiers apprentissages formalisés ont été construits au CP.
Les difficultés pour certains et les différences de niveau se sont révélées lors de ces apprentissages ; ces connaissances parfois encore fragiles vont être ici stabilisées et approfondies.
Il convient donc de conduire les élèves à des **bases solides**, au cours d'apprentissages **progressifs et rigoureux**, condition indispensable pour construire et ancrer la compréhension de chaque situation mathématique et des techniques correspondantes.
Le fichier Litchi s'inscrit pleinement dans cette logique, dans le respect absolu des programmes du 26 juillet 2018.

La conception du fichier repose sur une grande progressivité dans le passage **du concret à l'abstrait**. Outre les situations de concret vécues ou les manipulations décrites dans le guide pédagogique, tous les apprentissages prennent appui sur des situations de la vie courante illustrées par deux personnages attachants, Lola et Noé.
L'apprentissage se construit pas à pas de la **représentation du réel à la symbolisation**, pour parvenir ensuite à la **formalisation mathématique**, pour « *une entrée progressive dans l'abstraction. IO 2018* »

« *La connaissance des nombres entiers et du calcul est un objectif majeur du cycle 2* » *IO 2018.*
Dans cette perspective, La Collection Litchi développe une **approche méthodique et spiralaire** de la construction du nombre. Pour cela **une importance significative est donnée aux petits nombres, puis à l'acquisition des nombres inférieurs à mille** dont la maîtrise constitue le fondement du système de numération décimale et du traitement des calculs.
Conformément aux programmes 2018, « *La résolution de problèmes est au centre de l'activité mathématique des élèves, développant leurs capacités à chercher, raisonner et communiquer.* » Le fichier développe pour cela un **apprentissage progressif et structuré** de la **résolution de problème**, sur la base de des composantes suivantes :
- le **réinvestissement** pour consolider le sens des opérations et des notions mathématiques travaillées ;
- une **approche méthodologique** pour permettre à l'élève de s'imprégner d'une logique de raisonnement et de s'approprier des procédures de résolution, avec généralisation de l'utilisation du schéma, pour des problèmes à une ou deux étapes de résolution.
- une **structuration de la trace écrite** pour habituer l'élève à communiquer son raisonnement, ses calculs et la réponse organisée qu'il apporte au problème posé.

Ainsi que le préconisent les programmes de 2018, « *l'appropriation de stratégies de calcul adaptées aux nombres et aux opérations en jeu* » trouvent ici une place affirmée :
- le **calcul mental**, présent en haut de page, permet un travail **quotidien et structuré** : il vise à conforter et automatiser la maîtrise des nombres et opérations ainsi que la mémorisation progressive des tables d'addition et de multiplication.
- le **calcul en ligne**, présent dans chaque période, engage l'élève à des stratégies de calcul à l'oral et à l'écrit.
- le **calcul posé**, addition, soustraction, multiplication et division sous forme de partage, développe en parallèle sens de l'opération et technique opératoire.

Litchi, le kangourou, incite à un travail régulier sur la bande numérique, indispensable pour les élèves les plus fragiles.

La **géométrie** trouve dans ce fichier une place significative et valorisée, pour amener l'élève à des habitudes de rigueur et de qualité dans les tracés et les constructions géométriques. Un vocabulaire géométrique précis est utilisé.

Le fichier est découpé en **5 périodes** correspondant au découpage de l'année scolaire. Deux pages de « **Révisions** » par période permettent de réactiver l'ensemble des apprentissages étudiés et de préparer l'évaluation (présente dans le guide pédagogique).
Nous avons choisi de constituer des blocs d'apprentissage pour travailler sur des objectifs précis dans un même champ mathématique : ainsi chaque fiche ne traite que d'une seule notion. Dans la plupart des cas, cette notion s'élabore sur deux fiches consécutives, de manière à installer solidement chaque connaissance visée.

Les auteurs

Sommaire

Les grands domaines définis par les programmes sont identifiés dans le sommaire par des couleurs :
Nombre et calculs — Grandeurs et mesures — Espace et géométrie — Problèmes

Période 3

Période 4

Les grands domaines définis par les programmes sont identifiés dans le sommaire par des couleurs :

Nombre et calculs — Grandeurs et mesures — Espace et géométrie — Problèmes

Période 5

Progression par domaine

Nombres et calculs

Grandeurs et mesures

Espace et géométrie

Problèmes

1 Repérage dans l'espace (1)

Compétences : Se repérer dans un environnement proche. Situer des objets ou des personnes les uns par rapport aux autres ou par rapport à d'autres repères en utilisant la gauche et la droite.
Calcul mental : Réciter la suite des nombres à partir d'un nombre donné ≤ 100.
Photofiche : Parcours **A** et **B**, p. 6

Observe ce dessin.

1 **Complète** ces phrases avec à droite de, à gauche de.

Emma est .... Louna.

Tom est .... Léa.

Théo est .... l'arbre.

La voiture verte est .... la voiture bleue.

2 **Écris** le nom de la personne qui est :

- à la droite d'Alex : ....
- à la gauche de Noé : ....
- à la gauche de l'arbre : ....
- entre Lola et Samia : ....
- à la droite d'Emma : ....
- à la gauche de Tom : ....

2 Repérage dans l'espace (2)

Compétences : Se repérer dans un environnement proche. Situer des objets ou des personnes les uns par rapport aux autres ou par rapport à d'autres repères en utilisant le vocabulaire spécifique.
Calcul mental : S'entraîner sur les tables d'addition dont les résultats ont un total ≤ 10 ; tables de 2, 3, 4 et 5.
Photofiche : Parcours **A** et **B**, p. 7

Observe ce dessin.

1 **Complète** ces phrases avec au-dessus, au-dessous, sur, sous, derrière, entre.

Le chat est perché .... un toit.
Mélanie est .... Lola et Noé.
Julien est .... du toit de l'abribus.
La voiture bleue est .... la voiture rouge.
Théo habite .... de la pharmacie.
Le ballon rouge est .... le banc.

2 **Dessine** à l'endroit indiqué.

- Une fleur à droite du lampadaire.
- Un soleil au-dessus de la maison de Théo.
- Une poubelle devant la poissonnerie.
- Un ballon bleu derrière Julien.

3 Les nombres jusqu'à 69

Compétences : Dénombrer et organiser les collections en utilisant les groupements par dizaines. Connaître les différentes représentations d'un nombre ≤ 69.
Calcul mental : Réciter la suite des nombres dans l'ordre décroissant à partir d'un nombre ≤ 20.
Photofiches : Parcours **A** p. 8 – Parcours **B** p. 9

1 Lola et Noé collectionnent des figurines.
Groupe les éléments de chaque collection et **colorie** le nombre correspondant.

25 35 45 55 65

28 38 48 58 68

2 **Écris** les nombres en chiffres.

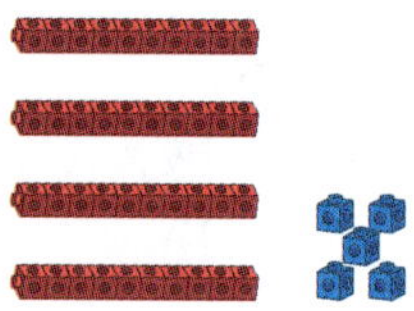

....

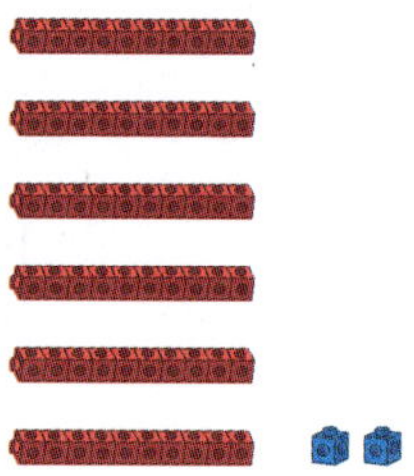

....

....

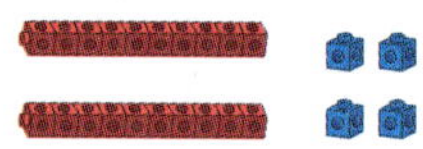

....

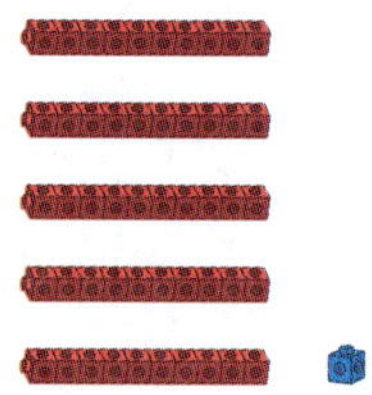

....

3 **Dessine** le nombre en barres-dizaines et en cubes-unités.
Colorie le nombre exact.

quarante-trois	cinquante-six	trente-deux
34 ou 43	56 ou 65	23 ou 32

4 **Écris** chaque nombre en chiffres ou en lettres.

vingt-cinq : ....
24 : ....
57 : ....
soixante-huit : ....
46 : ....
69 : ....

Aide Litchi à compter de 2 en 2 en avançant.

4 Comparaison des nombres jusqu'à 69

Compétences : Comparer, encadrer et ordonner les nombres qui précèdent et qui suivent des collections ≤ 69 en utilisant les symboles < et >.
Calcul mental : S'entraîner sur les tables d'addition dont les résultats sont ≤ 20.
Photofiches : Parcours **A** p. 10 – Parcours **B** p. 11

1 Noé et Lola font chacun un élevage d'escargots. **Entoure** les escargots par dizaines. **Écris** le nombre d'escargots de chaque élevage et **complète** avec **<** ou **>**.

....

2 **Écris** dans l'ordre décroissant :

- les 5 nombres qui précèdent 17 : 17
- les 10 nombres qui précèdent 56
  56
- les 14 nombres qui précèdent 46
  46

3 **Compare** avec **<** ou **>**.

23 41
39 29
62 57

35 32
65 68
49 ...... 45 + 2

4 **Encadre** avec le nombre qui vient **avant** et celui qui vient **après**.

...... < 40 < ......
...... < 49 < ......
...... < 60 < ......

5 **Range** ces nombres dans l'ordre croissant (du plus petit au plus grand).

45 67 21 36 19

...... < ...... < ...... < ...... < ......

65 46 68 60 59

...... < ...... < ...... < ...... < ......

Observe le chemin de Litchi et **complète**.

......	......	......	......	......	......	......	......	......	38	39

5 Tracés à la règle

Compétence : Utiliser la règle comme instrument de tracé.
Calcul mental : Réciter la suite des 5 nombres qui suivent ou qui précèdent un nombre donné sans passage de dizaine ; nombre ≤ 65.
Photofiche : Parcours **A** et **B**, p. 12

1 **Complète**, à la règle, le dessin de l'école.

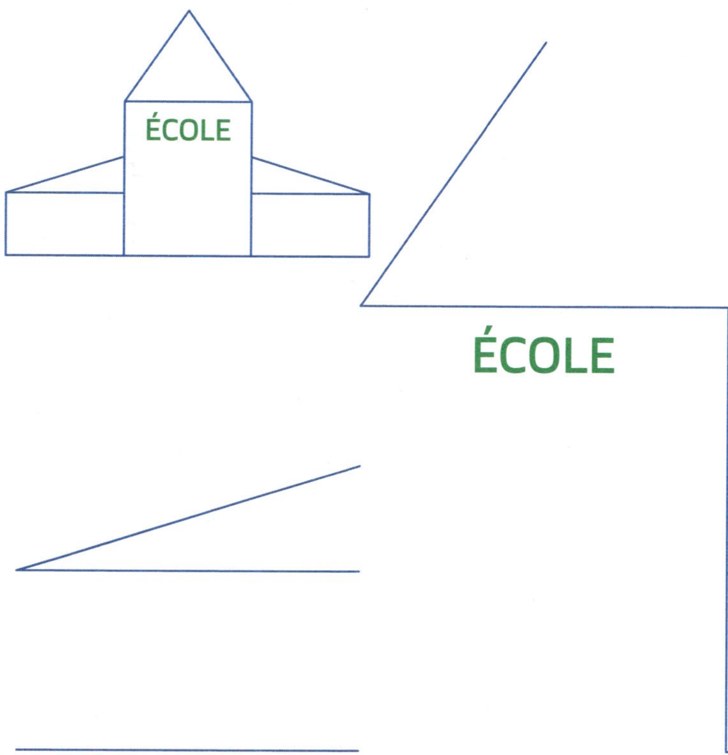

2 Lola trace le tableau du nombre d'élèves de chaque classe.
Elle a oublié de tracer des segments.
Complète le tableau à la règle.

Classes	Nombres d'élèves
CP	24
CE1	26
CE2	26
CM1	25
CM2	27

3 **Trace** le chemin du bus au départ de la mairie.

6 Alignements

Compétence : Utiliser la règle pour repérer et produire des alignements.
Calcul mental : Trouver la suite décroissante de 5 nombres précédant un nombre ≤ 69.
Photofiche : Parcours **A** et **B**, p. 13

1 **Trace** la ligne droite qui passe par les pointes de ces crayons.
Barre celles qui ne sont pas alignées.

2 Les mains de ces coureuses sont parfaitement alignées sur la ligne de départ.
Trace cette ligne droite.

3 Noé a la tête dans les étoiles.
Il voit des alignements de 4 étoiles vertes ;
3 étoiles rouges et 4 étoiles jaunes.
Complète le dessin.

4 Lola a réalisé 3 alignements de 3 pions.
Trace les 3 alignements de 3 pions.
Place 3 autres points pour avoir 3 alignements de 5 pions.

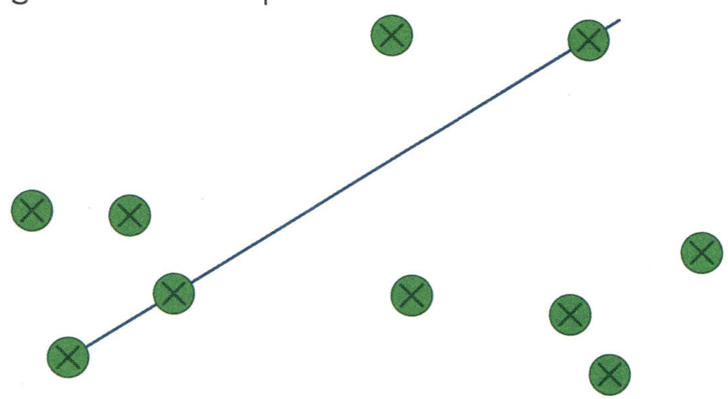

7 Les nombres de 70 à 79

Compétences : Dénombrer des collections de 70 à 79 éléments. Connaître et utiliser les différentes représentations des nombres de 70 à 79.
Calcul mental : S'entraîner sur les tables d'addition de 2, 3 et 4 (total ≥ 10).
Photofiche : Parcours **A** et **B**, p. 14

....

1 Lola et Noé sont des artistes !
Complète pour connaître le nombre de tubes de peinture qu'ils possèdent.

.... + ... = ...

soixante-...............................

.... + ... = ...

...............................-...............................

2 **Calcule** ce nombre de deux manières.

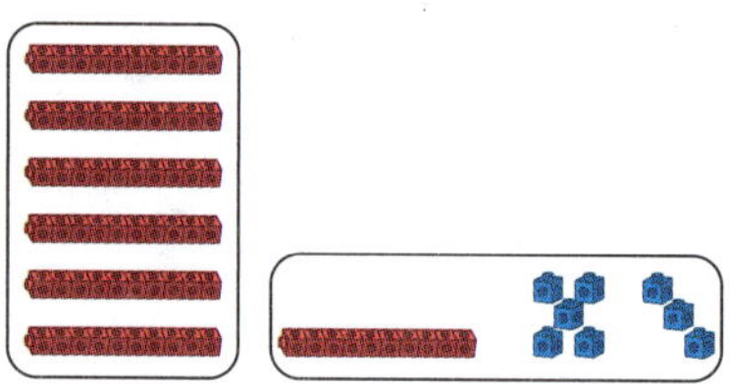

.... + ... = ...

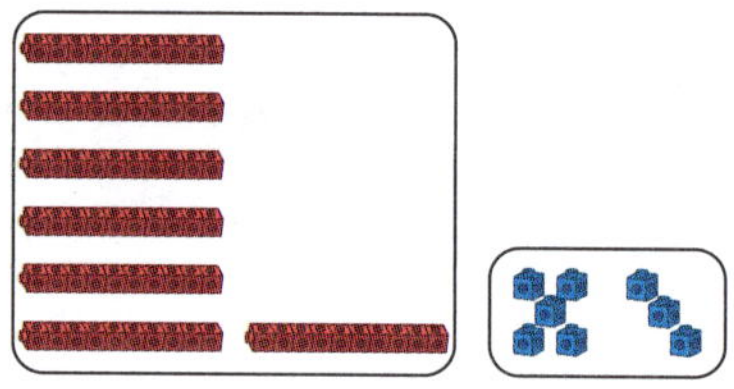

.... + ... = ...

3 **Calcule** ces additions.

60 + 12 = ...	70 + 9 = ...	60 + 18 = ...
70 + 5 = ...	60 + 13 = ...	70 + 6 = ...
60 + 14 = ...	60 + 11 = ...	60 + 19 = ...

4 **Écris** ces nombres en chiffres.

soixante-seize : ....

soixante-douze : ....

soixante-dix-neuf : ....

5 **Écris** ces nombres en lettres.

70 : ....

73 : ....

75 : ....

Complète avec les nombres manquants.

35	36	37	.....	.....	40	.....	.....	.....	.....	.....	.....	.....	48	49	50

8 Les tables d'addition

Compétences : Découvrir et mémoriser les tables d'addition.
Calcul mental : Repérer le plus petit ou le plus grand nombre dans une liste orale de 3 nombres ; nombre ≤ 79.
Photofiche : Parcours **A** et **B**, p. 15

....

1 Lola utilise la règle à calculer pour additionner ces nombres.
Colorie les barres sur la règle et **complète**.

1 2 3 4 5 6 7 8 9 10 11 12 13 14 15 16 17 18 19 20

...... + ... = ...

1 2 3 4 5 6 7 8 9 10 11 12 13 14 15 16 17 18 19 20

...... + ... = ...

1 2 3 4 5 6 7 8 9 10 11 12 13 14 15 16 17 18 19 20

...... + ... = ...

2 Noé calcule tous les doubles. **Complète** ses résultats.

2 + 2 = ...
4 + 4 = ...
8 + 8 = ...

1 + 1 = ...
6 + 6 = ...
10 + 10 = ...

3 + 3 = ...
5 + 5 = ...
9 + 9 = ...

3 Lola calcule en utilisant des doubles. **Complète** ses résultats.

8 + **9** = 8 + **8** + **1** = ...
6 + **7** = 6 + **6** + **1** = ...

7 + **8** = ... + ... + ... = ...
5 + **6** = ... + ... + ... = ...

4 Noé écrit les résultats dans un tableau. **Aide**-le à compléter.

+	5	6	7	8	9	10
5	5 + 5 = 10	11	......	......	14	......
6	......	12	......	......	......	......
7	12	......	14	15	......	......
8	......	......	......	16	17	......
9	......	15	......	......	18	......
10	......	......	17	......	......	20

Observe le chemin de Litchi et **complète**.

−1 −1 −1 −1 −1 −1 −1 −1 −1

.....	.....	.....	.....	.....	.....	.....	67	68	69

9 Additions de 2 nombres à 2 chiffres sans retenue

......	......	......	......	......

Compétence : Mettre en œuvre un algorithme de calcul posé de l'addition sans retenue.
Calcul mental : Réciter la suite des 5 nombres qui suivent ou qui précèdent un nombre donné ≤ 79.
Photofiches : Parcours **A** p. 16 – Parcours **B** p. 17

1 Noé et Lola mettent leurs images en commun. Une page contient 10 images.
Calcule le nombre total d'images.

	Pages	Images seules
	....	....
+	....	....
Total	....	....

.... + ... = ...

2 **Complète** ce tableau et **calcule** l'addition.

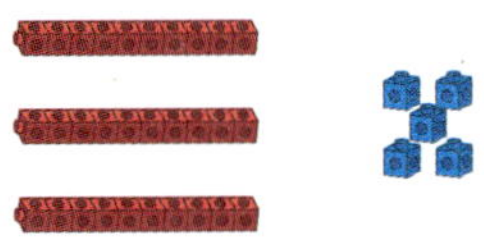

	dizaines	unités
	....	....
+	....	....
Total	....	....

.... + ... = ...

3 **Calcule** ces additions posées.

	dizaines	unités
	4	2
+	2	6
	.	.

	d	u
	3	6
+	3	1
	.	.

	1	4
+	4	3
	.	.

	2	3
+	3	6
	.	.

Observe le chemin de Litchi et **complète**.

	+2		+2		+2		+2		+2		+2	
35		.....		.....		.....		.....		.....		.....

10 Additions à retenue (1)

Compétence : Mettre en œuvre un algorithme de calcul posé en s'appuyant sur la règle d'échange.
Calcul mental : S'entraîner sur les compléments à 10.
Photofiches : Parcours **A** p. 18 – Parcours **B** p. 19

......	......	......	......	......

1 Noé et Lola mettent leurs billes en commun : 10 billes c'est un paquet supplémentaire.

Observe l'addition à retenue.

+ 1 paquet

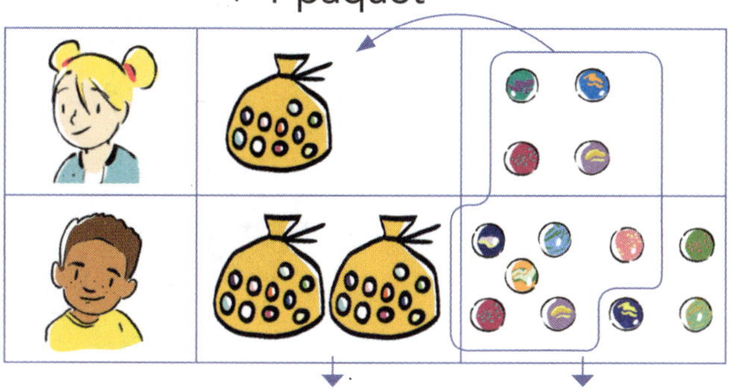

4 paquets   3 billes

14 + 29 = ...

Calcule.

retenue + ...

1 paquet et 4 billes	......	......
2 paquets et 9 billes	......	......

...... paquets   ...... billes

2 **Regroupe** les pièces et **complète** l'addition.

+ ...... billet

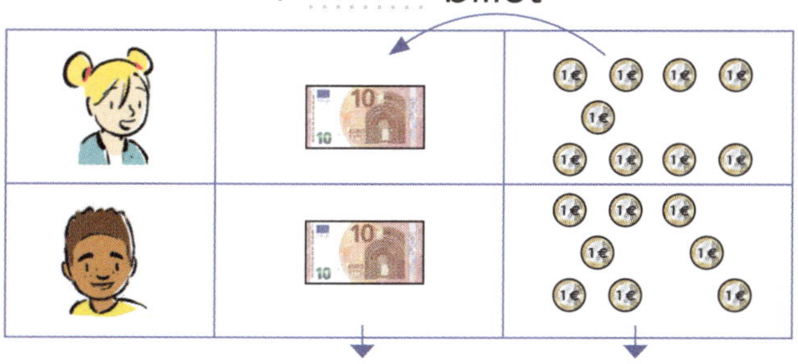

...... billets   ...... pièces

19 + 18 = ...

Calcule.

retenue + ...

1 billet de 10 € et 9 pièces de 1 €	......	......
1 billet de 10 € et 8 pièces de 1 €	......	......

...... billets   ...... pièces

3 **Regroupe** les unités et **complète** l'addition.

+ ...... dizaine

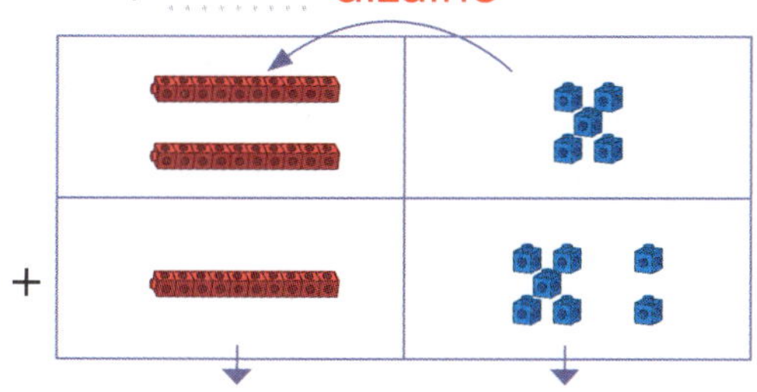

...... dizaines   ...... unités

Complète et **calcule** l'addition.

+ ......

	dizaines	unités
	2	5
+	1	7
Total	......	......

Litchi est sur la case 20 après avoir fait 6 avec le dé. Quelle était sa case précédente ?

6	7	8	9	10	11	12	13	14	15	16	17	18	19	20	21	22

11 Problèmes du champ additif avec tableau à double entrée (1)

Compétences : Résoudre des problèmes du champ additif. Exploiter des données numériques organisées en tableau.
Calcul mental : S'entraîner sur les tables d'addition de 6 et 7 ; total ≥ 10.
Photofiches : Parcours **A** p. 20 – Parcours **B** p. 21

....

Le jardinier doit planter des tulipes, des œillets, des géraniums et des pétunias.
Observe ce tableau et **réponds** aux questions.

	Tulipes	Œillets	Géraniums	Pétunias
Pour les balcons	0	14	11	13
Pour le jardin	12	16	0	8

- **Combien le jardinier doit-il planter d'œillets au total ?**

Fais tes essais.

Écris l'opération.

.... = ...

Écris la phrase réponse.

Il doit planter ....

- **Combien doit-il planter de pétunias ?**

Fais tes essais.

Écris l'opération.

.... = ...

Écris la phrase réponse.

Il doit planter ....

- **Combien doit-il planter de fleurs au total ?**

Fais tes essais.

Écris l'opération.

.... + ... + ... + ... = ...

Écris la phrase réponse.

Il doit planter ....

12 Problèmes du champ additif avec tableau à double entrée (2)

Compétences : Résoudre des problèmes du champ additif. Exploiter des données numériques organisées en tableau. Utiliser les compléments à la dizaine supérieure.
Calcul mental : Calculer des sommes sans retenue par ajout d'un nombre à un chiffre à un nombre à 2 chiffres.
Photofiches : Parcours **A** p. 20 – Parcours **B** p. 21

1 Noé invite ses amis à son anniversaire au parc de loisirs.
D'abord, les enfants jouent aux quilles.
Ils ont tous réussi à faire tomber les 10 quilles avec deux boules.
Complète ce tableau.

	Noé	Tom	Lola	Théo	Nathan	Samia
1re boule	7	....	5	....	6	....
2nde boule	....	2	....	1	....	8
Total de quilles	10	10	10	10	10	10

2 Ils jouent, ensuite, aux fléchettes. Ils font le même total de 20 points en 2 parties.
Complète ce tableau.

	Noé	Tom	Lola	Théo	Nathan	Samia
1re partie	15	....	14	13	....	17
2nde partie	....	12	....	....	11	....
Total de points	20	20	20	20	20	20

3 Enfin, ils font chacun un puzzle. Au moment du goûter, ils n'ont pas terminé.
Combien chacun doit-il encore placer de pièces ?
Complète ce tableau.

Nombre de…	Noé	Tom	Lola	Théo	Nathan	Samia
pièces placées	32	51	44	28	56	43
pièces à placer	....	....	....	....	....	....
Total de pièces du puzzle	40	60	50	30	60	50

13 Les nombres de 80 à 89

Compétences : Dénombrer des collections de 80 à 89. Associer les désignations orales et écrites des nombres de 80 à 99.
Calcul mental : S'entraîner sur les tables d'addition de 8 et 9 (total ≥ 10).
Photofiche : Parcours **A** et **B**, p. 22

....

1 Le papa de Noé s'est acheté un jeu vidéo.
Complète et **calcule** la somme dépensée.

.... + ... + ... + ... + ... = ...

Écris le nombre en lettres.

Le papa de Noé a dépensé .... *euros.*

2 **Complète.**

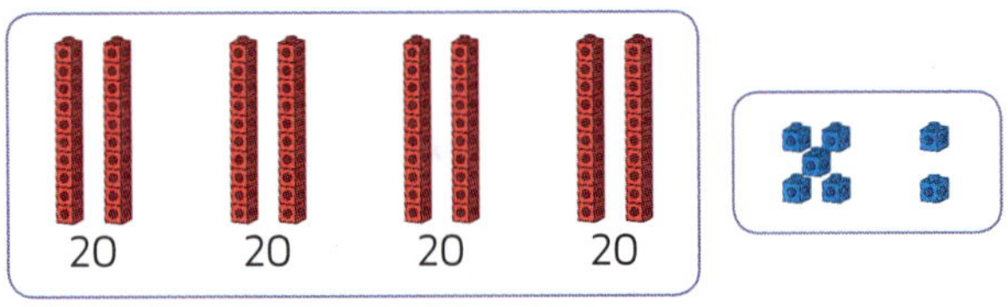

dizaines	unités
....	....

vingt répété 4 fois

Le nombre ....

a .... dizaines et .... unités.

Écris et **calcule** l'opération. .... + ... = ...

Complète cette phrase.

Le nombre s'écrit en lettres .... et en chiffres ....

3 **Écris** ces nombres en chiffres.

quatre-vingt-six : ....

quatre-vingt-trois : ....

quatre-vingt-un : ....

quatre-vingt-neuf : ....

4 **Écris** ces nombres en lettres.

85 : ....

82 : ....

86 : ....

84 : ....

5 **Complète** ces décompositions.

85 = ... + 5

89 = ... + ...

83 = 80 + ...

84 = ... + ...

81 = ... + 1

88 = ... + ...

14 Les nombres de 90 à 99

Compétences : Dénombrer des collections de 90 à 99. Connaître et utiliser les diverses représentations des nombres de 90 à 99.
Calcul mental : Utiliser les tables d'addition pour répondre à la question : « Combien faut-il ajouter à ... pour avoir ... ? ».
Photofiches : Parcours **A** p. 23 – Parcours **B** p. 24

....

1 À l'école, les enfants mangent des madeleines.
Écris leur nombre en lettres et **complète** l'addition.

....

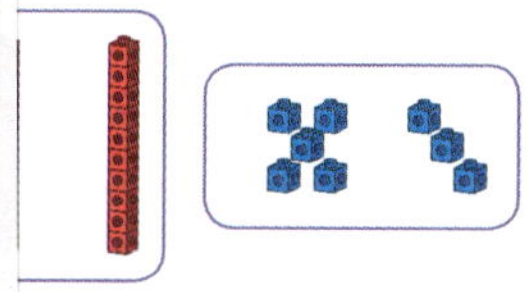

tion.

....

ines ...... unités

ines ...... unités

ines ...... unité

ines ...... unités

...... + 17

...... + 4

Écris les nombres sur la bande numérique.

60	61	.....	.....	.....	.....	.....	.....	.....	.....	.....	.....	72	73	.....	.....	76	.....	78

15 Problèmes pour apprendre à chercher (1)

Compétence : S'engager dans une démarche de résolution de problèmes en émettant des hypothèses, en les testant, en essayant plusieurs pistes, en exposant sa démarche de recherche.
Calcul mental : Ajouter un nombre à un chiffre à un nombre à 2 chiffres avec passage à la dizaine.

1 Qui suis-je ? **Entoure** mon nom.

– Je ne suis pas aligné avec 2 ou 3 filles ;
– Je ne suis pas aligné avec Léo ;
– Mon prénom ne commence pas par un L.

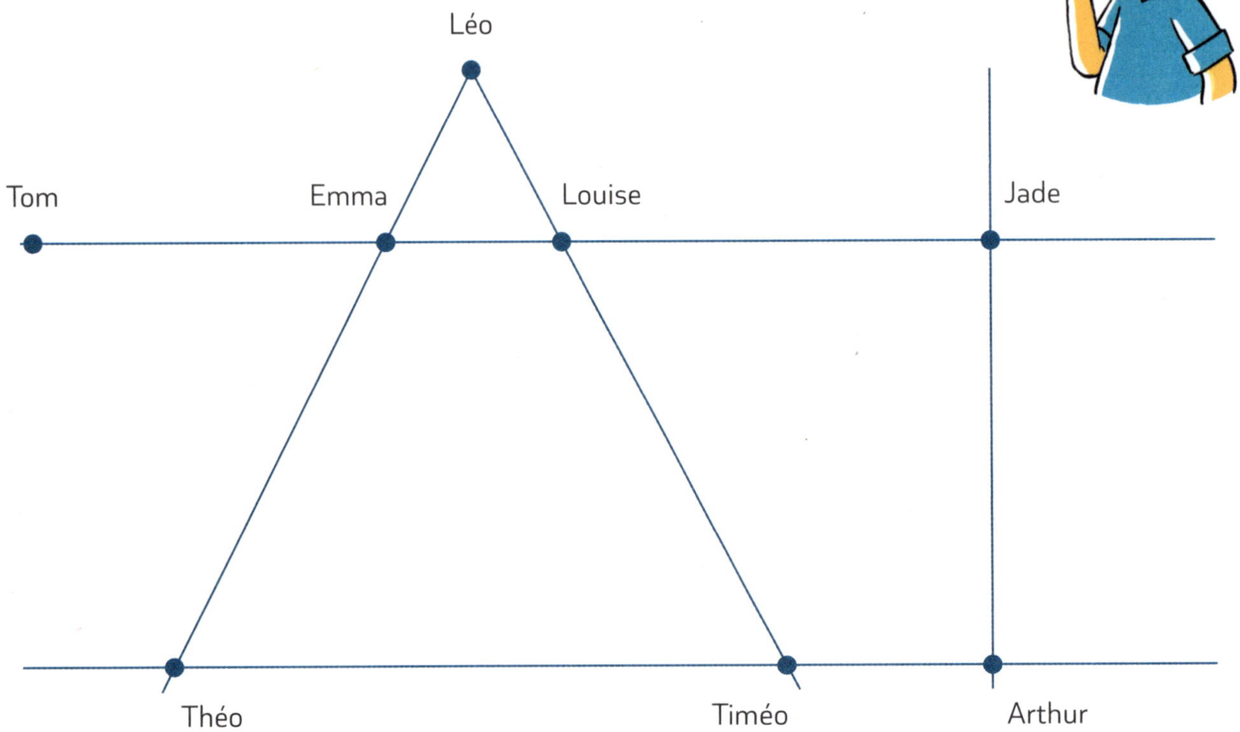

2 **Les additions-mystères.**

Chaque chiffre a été remplacé par un signe, toujours le même pour toutes les additions.
Écris le chiffre correspondant à chaque signe dans ce tableau.

♦ ⊙ + 3 ⊙ ✲ ✲	⊗ ♦ + ⊗ ⊙ 2 △	⊗ □ + ♦ ♦ ● 7	● ● + □ ⊗ ✲ ▲
. . + ...	. . + ...	. . + ...	. . + ...

♦	⊙	□	△	⊗	●	▲	✲
5	....	....	....	....	....	....	....

16 Révisions (1)

Calcul mental

....

1 **Écris** les nombres en chiffres.

quarante-sept : ....

soixante-dix-neuf : ....

quatre-vingt-dix-huit ....

cinquante-quatre : ....

2 **Écris** les nombres en lettres.

72 : ....

95 : ....

61 : ....

80 : ....

3 **Complète** les décompositions.

83 = 80 + ...

62 = ... + 2

95 = ... + 15

59 = ... + 9

86 = 80 + ...

74 = 60 + ...

4 **Écris** le nombre qui est avant et après.

.... < 30 < ....

.... < 60 < ....

.... < 59 < ....

.... < 45 < ....

5 **Trace**, à la règle, la droite passant par 4 plots alignés.

6 **Compare** avec **<** ou **>**.

42 24

65 56

39 41

19 .... 10 + 5

7 **Calcule** l'addition.

	5	3
+	2	5
	.	.

8 **Complète** le tableau et **complète** les phrases.

	Roses	Lys	Pivoines	Total
Noé	5	....	7	....
Lola	5	8	....	16
Total	....	10	10	30

• Noé a acheté .... lys et ...... fleurs au total.

• Lola a acheté ..... pivoines et ..... fleurs au total.

17 La centaine (1)

Compétences : Découvrir la centaine. Connaître la relation entre les unités de la numération : centaines, dizaines, unités.
Calcul mental : Trouver le complément à la dizaine supérieure d'un nombre à 2 chiffres.
Photofiche : Parcours **A** et **B**, p. 25

1 Théo collectionne les voitures miniatures. Il avait 99 petites voitures. Il vient d'en acheter une de plus. Il en a maintenant 100.

Entoure les dizaines de voitures en rouge.
Complète ces égalités.

99 + 1 = ...

10 + ... + ... + ... + ... + ... + ... + ... + ... + ... = 100

...... dizaines = 100

2 **Entoure** la centaine de craies et **barre** les paquets de 10 en trop.

3 **Complète** avec les mots *unités, centaine* ou *dizaines*.

1 .... de feutres et 4 .... et 3 ....

18 La centaine (2)

Compétence : Connaître la relation entre les unités de la numération : centaines, dizaines, unités.
Calcul mental : Soustraire un nombre à un chiffre d'un nombre à 2 chiffres ≤ 50.
Photofiche : Parcours **A** et **B**, p. 26

1 **Observe** la règle d'échange des unités vers la dizaine et des dizaines vers la centaine. **Complète.**

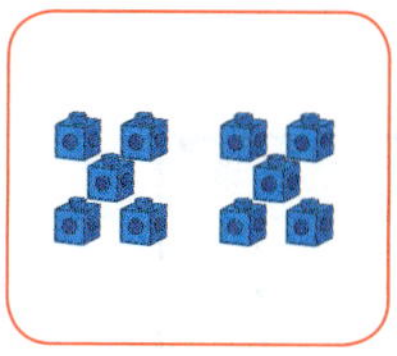 contre 

.... unités = ... dizaine

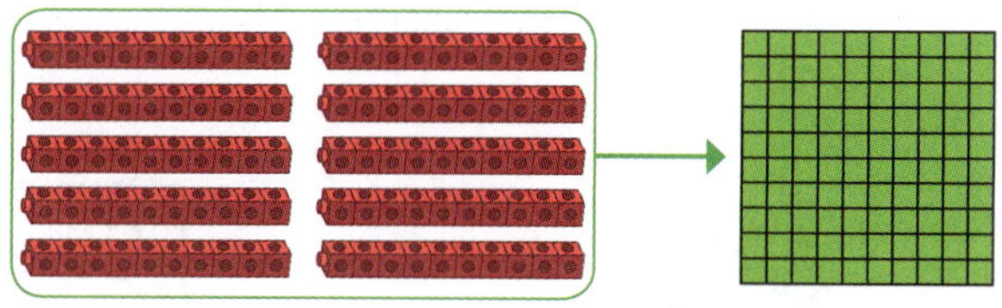

.... dizaines = ... centaine

2 **Dessine** ces échanges, des unités en dizaines, puis des dizaines en centaine.

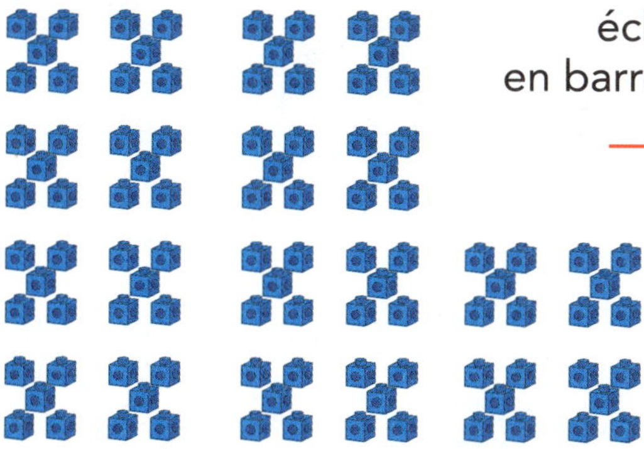

échange en barres-dizaines →

échange en plaque-centaine →

3 **Complète** ces égalités.

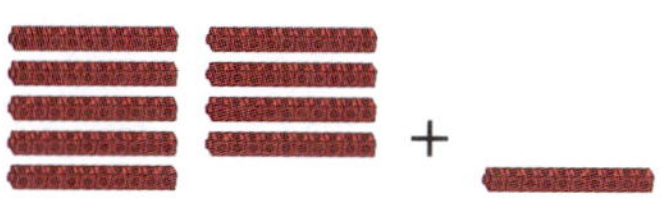

.... + ... = 100

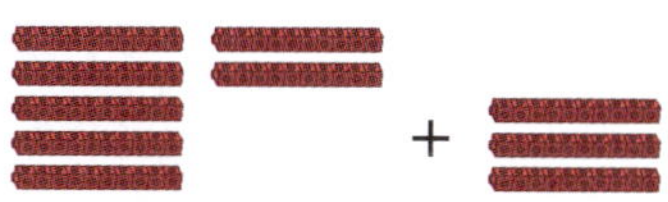

.... + ... = 100

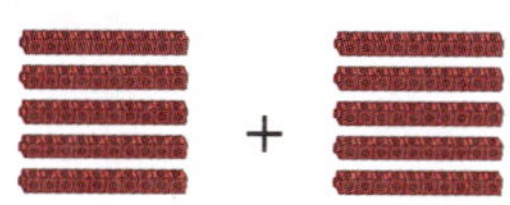

.... + ... = 100

4 **Complète** ces égalités.

8 dizaines + ... dizaines = 1 centaine

3 dizaines + ... dizaines = 1 centaine

60 + ... = 100

10 + ... = 100

6 d + ... d = 1 c

2 d + ... d = 1 c

30 + ... = 100

40 + ... = 100

Observe le chemin de Litchi et **complète.**

+5 +5

20	.....	.....	.....	.....	.....	.....	.....	.....	.....	.....	.....	.....	.....	.....	.....	.....

19 Repérage de cases dans un quadrillage (1)

Compétences : Se repérer dans un environnement proche. S'orienter en utilisant des repères
Calcul mental : Calculer des sommes sans retenue : ajout d'un nombre à un chiffre à un nombre à 2 chiffres et dont le résultat est ≤ 100.
Photofiches : Parcours **A** p. 27 – Parcours **B** p. 28

1 Noé va retrouver ses amies Samia et Lola.
Samia habite porte D, au 3e étage. **Colorie** la fenêtre de son appartement en **violet**.
Lola habite porte A, au 2e étage. **Colorie** sa fenêtre en **rouge**.

2 Lola a colorié des cases dans un quadrillage.
Écris le code de chaque case coloriée, comme dans l'exemple.

4					
3					
2					
1					
↰	A	B	C	D	E

La case ■ est en (A,3).
La case ■ est en (……, ……).
La case ■ est en (……, ……).
La case ■ est en (……, ……).
La case ■ est en (……, ……).

3 **Dessine** chaque rond de couleur dans sa case selon le code.

- Un rond **rouge** en (D,4).
- Un rond **vert** en (F,3).
- Un rond **bleu** en (C,1).
- Un rond **jaune** en (B,6).
- Un rond **violet** en (E,5).

6						
5						
4						
3						
2						
1						
↰	A	B	C	D	E	F

20 Repérage de cases dans un quadrillage (2)

Compétences : Se repérer dans un environnement proche : le quartier. S'orienter en utilisant des repères, lire un plan.
Calcul mental : Réciter la liste des 10 nombres qui suivent un nombre donné ≤ 89, avec passage de dizaine.

....

1 Observe le plan du quartier de Noé.

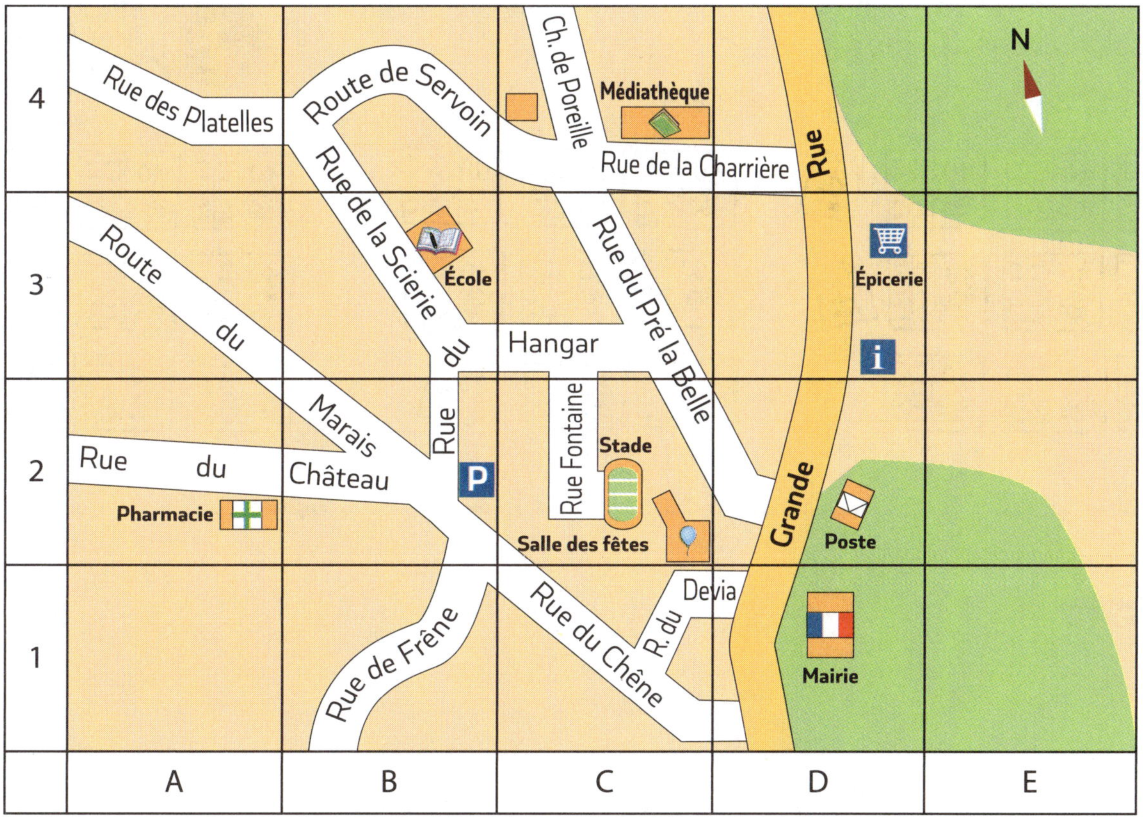

2 Écris le code de la case de chaque lieu du quartier.

- Le stade est en (.....,.....).
- L'épicerie est en (.....,.....).
- L'école est en (.....,.....).
- La poste est en (.....,.....).
- La mairie est en (.....,.....).

3 Repère les rues sur le plan.

- Quel est le nom de la route en (A,3) ?

  C'est la route ....

- Quel est le nom de la rue qui va de (C,4) à (D,4) ?

  C'est la rue ....

- Quel est le nom de la rue en (B,1) ?

  C'est la rue ....

4 Complète le plan en dessinant la piscine du quartier et la maison de Noé.

La piscine est en (C,1).

Noé habite en (D,2).

21 Comparaison des nombres jusqu'à 100 (1)

Compétences : Comparer des nombres en utilisant les symboles <, > ou =. Utiliser à bon escient les expressions : « plus que » et « moins que ».
Calcul mental : Réciter la liste des 10 nombres qui précèdent un nombre ≤ 99, avec un passage de dizaine.
Photofiches : Parcours **A** p. 29 – Parcours **B** p. 30

1 Lola, Noé et Samia sont à la piscine et doivent acheter pour toute la classe des carnets de 10 entrées et des entrées à l'unité.

Écris le nombre d'entrées de chacun.

1. Lola : ....
2. Noé : ....
3. Samia : ....

Compare le nombre d'entrées de chacun avec < ou >.
Complète ces phrases avec « *plus... que* » ou « *moins... que* ».

1 et 2 : .... → *Lola a* .... *d'entrées* .... *Noé.*

1 et 3 : .... → *Lola a* .... *d'entrées* .... *Samia.*

2 et 3 : .... → *Noé a* .... *d'entrées* .... *Samia.*

2 **Compare** ces nombres avec <, > ou =.

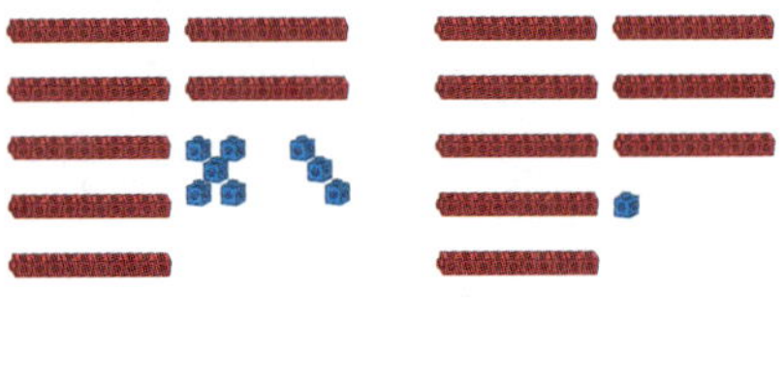

....

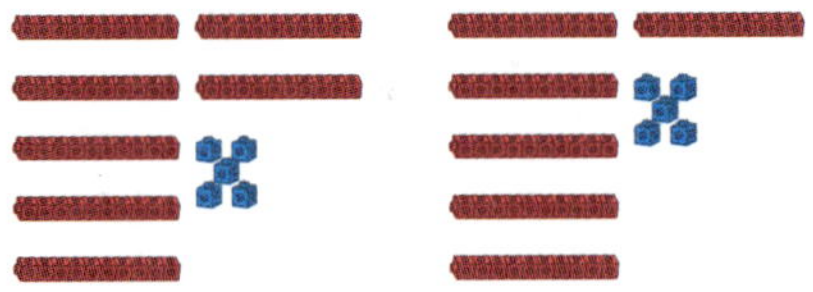

....

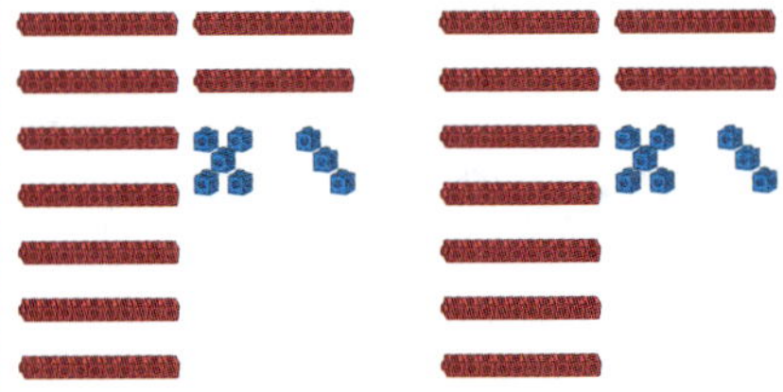

....

3 **Écris** ces nombres et **compare**-les avec < ou >.

7 d 9 u et 8 d 2 u ....

9 d 5 u et 2 u 8 d ....

4 **Compare** avec <, > ou =.

95 100

80 + 18 98

73 ...... 60 + 3

22 Comparaison des nombres jusqu'à 100 (2)

Compétences : Comparer, encadrer, ranger et intercaler les nombres jusqu'à 100.
Calcul mental : Utiliser une procédure de calcul mental pour additionner 3 nombres dont 2 ont 10 pour somme.
Photofiches : Parcours **A** p. 29 – Parcours **B** p. 30

1 **Écris** ces nombres sur le dragon. 68 – 97 – 77 – 84 – 49 – 57

Range les 6 nombres dans l'ordre croissant (du plus petit au plus grand).

.... < .... < .... < .... < .... < ....

2 **Écris** ces nombres dans le tableau comme dans l'exemple.

64 – 83 – 45 – 52 – 78 – 92

Entre 40 et 50	Entre 50 et 60	Entre 60 et 70	Entre 70 et 80	Entre 80 et 90	Entre 90 et 100
....	....	64	....	....	....

Range les 6 nombres dans l'ordre décroissant (du plus grand au plus petit).

.... > .... > .... > .... > .... > ....

3 **Range** ces nombres dans l'ordre croissant.

56 43 98 32 74 100

...... < ...... < ...... < ...... < ...... < ......

4 **Range** ces nombres dans l'ordre décroissant.

72 48 78 29 84 100

...... > ...... > ...... > ...... > ...... > ......

5 **Écris** le nombre qui précède ou qui suit.

.... < 80 59 < ....

.... < 100 89 < ....

.... < 90 79 < ....

6 **Écris** le nombre qui est entre.

48 < .... < 50

73 < .... < 75

98 < .... < 100

Litchi saute de 3 cases, puis de 7 cases. **Colorie** sa case d'arrivée.

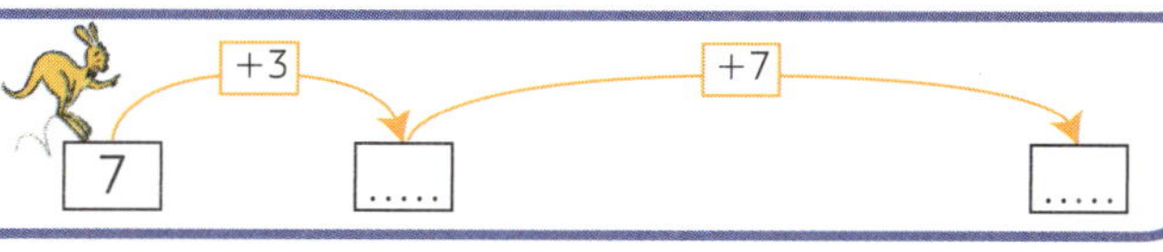

23 Calcul en ligne : passer la dizaine en appui sur le nombre 10

Compétence : Utiliser une stratégie de calcul réfléchi d'une addition en s'appuyant sur le complément à 10 et la droite graduée.
Calcul mental : Réciter les 10 nombres qui précèdent un nombre à 3 chiffres ≤ 169.
Photofiches : Parcours **A** p. 31 – Parcours **B** p. 32

1 Complète ce schéma et l'addition.

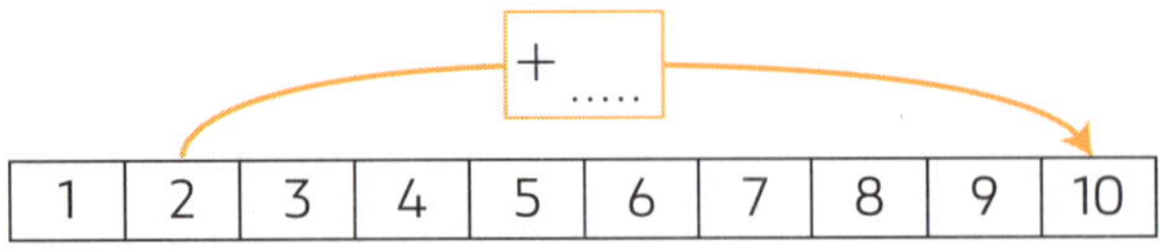

2 + ... = 10

2 Complète ces additions.

3 + ... = 10

5 + ... = 10

6 + ... = 10

3 Complète en dessinant des billes bleues.

7 + ... = 10

10 + ... = 16

Donc : 7 + ... = 16

4 Complète pour aller de 4 à 13.

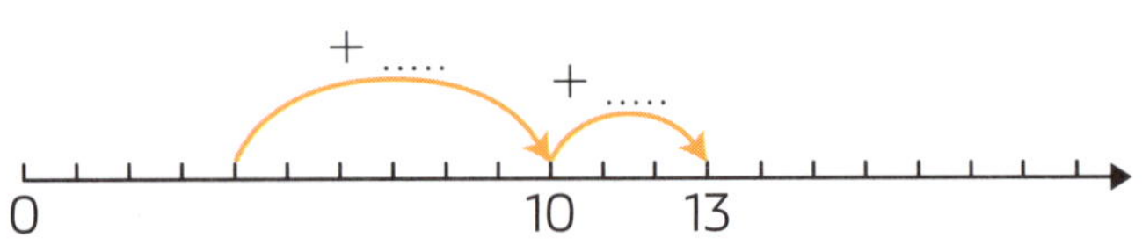

4 + ... = 10

10 + ... = 13

Donc : 4 + ... = 13

5 Complète pour aller de 9 à 17.

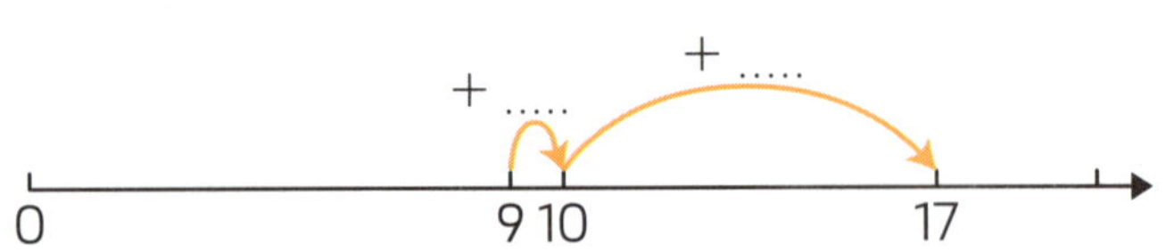

9 + ... = 10

10 + ... = 17

Donc : 9 + ... = 17

24 La soustraction posée sans retenue

......	......	......	......	......

Compétence : Mettre en œuvre un algorithme de calcul posé de la soustraction sans retenue.
Calcul mental : Retirer des dizaines entières à un nombre à 2 chiffres.
Photofiches : Parcours **A** p. 33 – Parcours **B** p. 34

1 Dans la bergerie, il y a 6 enclos de 10 chèvres et 7 chèvres seules.
Le berger fait sortir les chèvres de 2 enclos et 5 chèvres seules.

Barre les 2 enclos et 5 chèvres seules.

Complète la soustraction.

	dizaines de chèvres	chèvres seules
	.	.
–	.	.
	.	.

Il reste .... chèvres.

2 Que reste-t-il si l'on retire 3 dizaines et 2 unités au nombre 74 ?

Barre les dizaines et les unités à retirer.

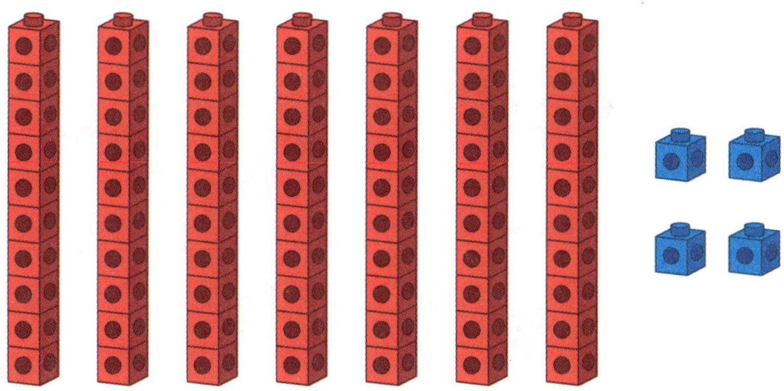

Calcule l'opération.

	dizaines	unités
	.	.
–	.	.
	.	.

74 – .... = ...

3 **Calcule** ces soustractions.

58 – 26 = ...

	d	u
	5	8
–	2	6
	.	.

69 – 45 = ...

	d	u
	6	9
–	4	5
	.	.

75 – 23 = ...

	d	u
	7	5
–	2	3
	.	.

Litchi compte de 10 en 10.
Écris les nombres.

12	22	32	.....	.....	.....	.....

37	47	.....	67	.....	.....	.....

25 Mesure de longueurs (1)

Compétences : Mesurer des longueurs en utilisant la règle graduée. Utiliser le cm comme unité. Comparer et ranger des segments selon leur longueur.
Calcul mental : Écrire un nombre donné sous la forme ... d ... u.
Photofiches : Parcours **A** p. 35 – Parcours **B** p. 36

....

1 Lola, Samia et Noé mesurent avec leur règle graduée. Deux enfants commettent des erreurs. **Complète** les phrases avec le prénom qui convient.

Lola

Samia

Noé

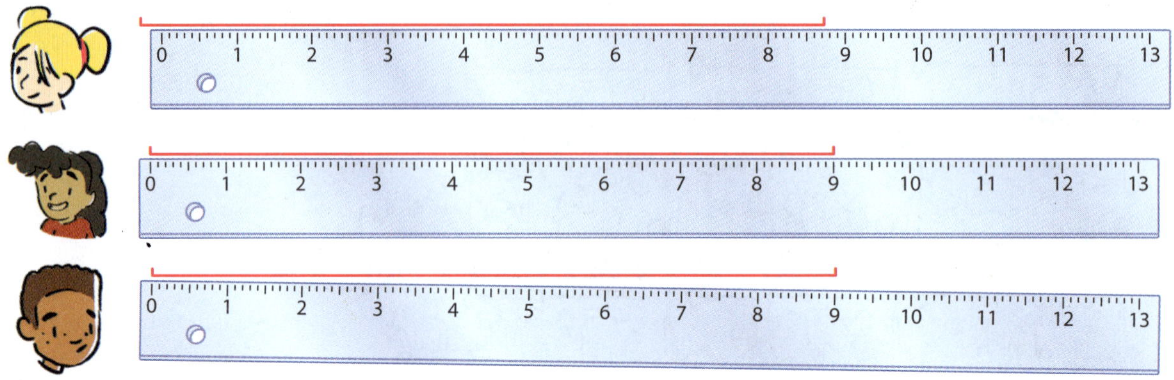

.... ne place pas la règle exactement sur la ligne.

.... ne place pas correctement le 0 de la règle à l'extrémité du segment.

.... place sa règle correctement.

2 **Écris** la mesure de chaque bande en centimètres (cm).

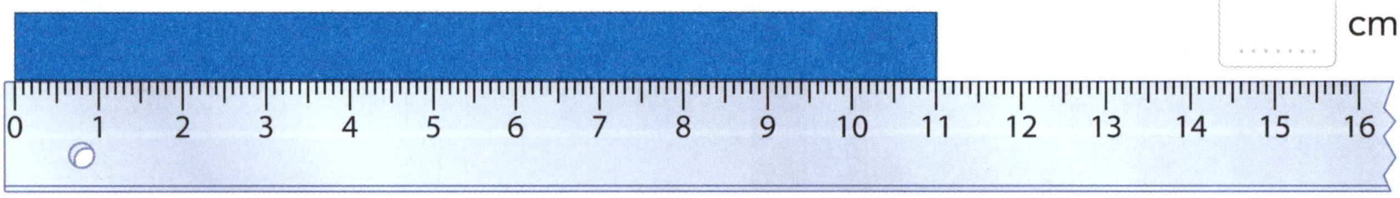

.... cm

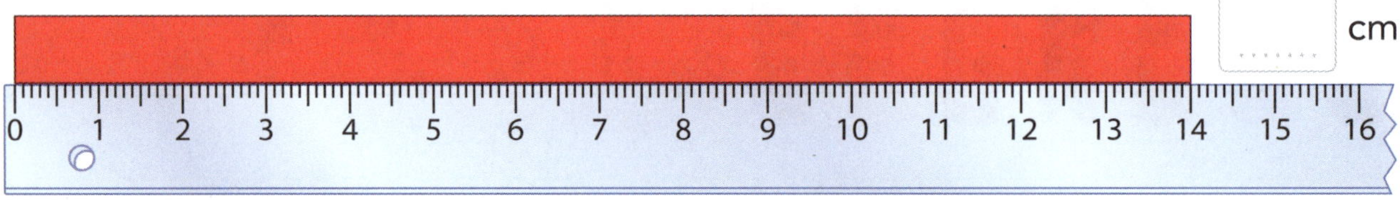

.... cm

3 **Mesure** ces segments, puis **numérote**-les du plus court au plus long.

.... cm .... cm

.... cm .... cm

segment bleu : n° ....
segment rouge : n° ....

segment vert : n° ....
segment violet : n° ....

26 Mesure de longueurs (2)

Compétences : Mesurer des longueurs en utilisant la règle graduée. Utiliser le cm comme unité. Identifier le milieu d'un segment.
Calcul mental : Calculer les compléments de dizaines entières à la centaine.
Photofiches : Parcours **A** p. 35 – Parcours **B** p. 36

....

1 Le lézard va à la chasse au moustique.
Mesure, en centimètres, la longueur de chaque segment de son parcours.

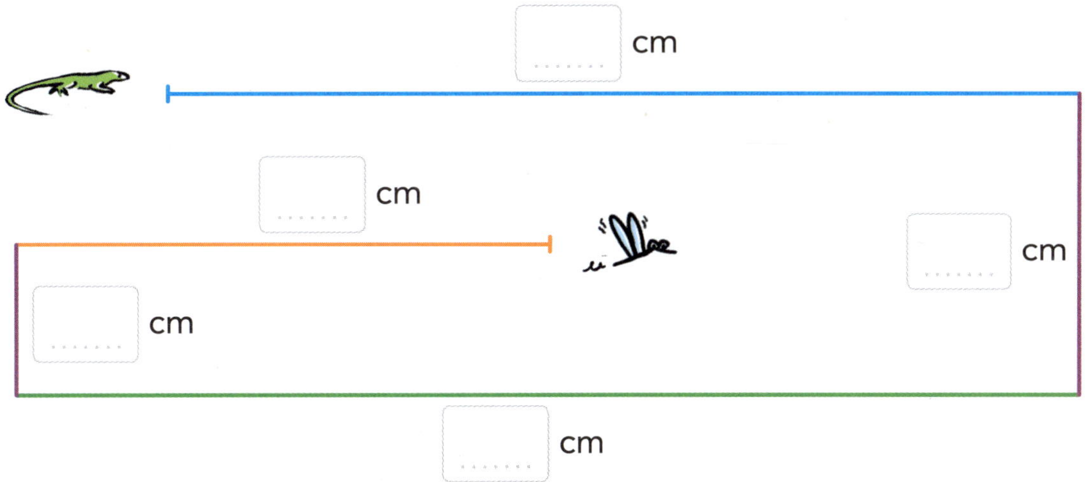

Le lézard s'arrête au milieu du segment vert. **Trace** une croix à cet endroit.
Calcule, en centimètres, la distance totale parcourue par le lézard.

.... + ... + ... + ... + ... = ...

Le lézard a parcouru ....

2 **Mesure** les côtés de ce rectangle. **Calcule** la distance que parcourt le lapin pour en faire le tour.

Calcule l'opération.

.... + ... + ... + ... = ...

Complète la réponse.

Le lapin parcourt ....

3 **Mesure**, avec ta règle graduée, un segment de la longueur demandée.
Marque le point d'arrêt d'un petit trait.

8 cm

5 cm

12 cm

10 cm

27 Problèmes du champ additif (1)

Compétence : Résoudre des problèmes du champ additif.
Calcul mental : Retirer des dizaines entières à la centaine.
Photofiches : Parcours **A** p. 37 – Parcours **B** p. 38

1 Sur le marché, Jérémy a vendu 58 melons le matin et 42 melons l'après-midi. Combien de melons a-t-il vendus au cours de cette journée ?

Fais tes essais.

Écris l'opération en ligne et **calcule**.

Écris la phrase réponse.

2 Noé avait quelques pièces dans sa tirelire.
Sa mamie lui donne 50 €.
Noé a maintenant 68 €.
Quelle somme d'argent avait-il dans sa tirelire ?

a) Coche la bonne réponse.

- ☐ Noé avait plus d'argent dans sa tirelire.
- ☐ Noé avait moins d'argent dans sa tirelire.

Fais tes essais.

Écris l'opération en ligne et **calcule**.

Écris la phrase réponse.

b) Compare ton résultat à la réponse donnée en **a)**.

28 Problème du champ additif à 2 étapes (1)

Compétence : Résoudre des problèmes du champ additif à 2 étapes.
Calcul mental : Trouver un nombre donné sous la forme … u … d ou … d … u.
Photofiches : Parcours **A** p. 39 – Parcours **B** p. 40

Antoine est le boulanger du village.

Combien de croissants sont à vendre l'après-midi ?

1re étape : Combien reste-t-il de croissants à midi ?

Écris les informations nécessaires **pour le matin.**

Nombre de croissants préparés : ....

Nombre de croissants vendus : ....

Résous cette 1re étape.

Fais tes essais.

Écris l'opération en ligne.

Écris la phrase réponse.

2nde étape : Combien de croissants sont à vendre l'après-midi ?

Écris les informations nécessaires **pour l'après-midi.**

Nombre de croissants qui reste du matin : ....

Nombre de nouveaux croissants préparés : ....

Résous cette 2nde étape.

Fais tes essais.

Écris l'opération en ligne.

Écris la phrase réponse.

29 Les mots pour écrire les nombres jusqu'à 100

Compétences : Connaître et utiliser les mots-nombres permettant d'associer les désignations orales et écrites des nombres ≤ 100.
Calcul mental : Ajouter des dizaines entières à un nombre à 2 chiffres.

1 **Écris** ces nombres en lettres.

.... chiens

.... poissons

.... girafe

.... lapins

.... canards

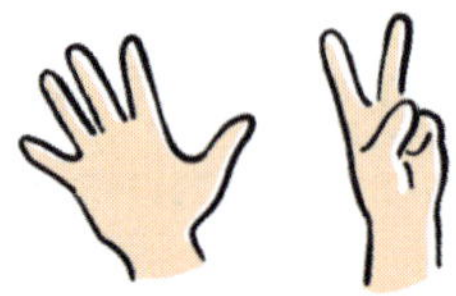
.... doigts

.... chevaux

.... oiseaux

.... poules

2 **Écris** ces nombres en lettres.

....

....

....

....

....

....

....

3 **Écris** ces nombres en lettres.

2 dizaines : ....
3 dizaines : ....
4 dizaines : ....
5 dizaines : ....
6 dizaines : ....
10 dizaines : ....

4 **Écris** tous les mots qui permettent d'écrire en lettres tous les nombres jusqu'à 100.

....

....

30 Révisions (2)

Calcul mental

....

1 Complète avec les mots *unités, dizaines, centaine.*

1 .... de ballons, 3 .... de ballons et 5 ....

2 Place chaque point de couleur dans la bonne case.

● (B,4) ● (D,2) ● (A,3) ● (C,1)

4				
3				
2				
1				
↖	A	B	C	D

3 Écris les nombres et **compare** avec **<** ou **>**.

8 d 5 u et 7 d 2 u ....

4 u 5 d et 1 u 6 d ....

4 Range les nombres dans l'ordre croissant.

92 38 19 47 100 86

...... < ...... < ...... < ...... < ...... < ......

5 Range les nombres dans l'ordre décroissant.

29 8 93 75 100 54

...... > ...... > ...... > ...... > ...... > ......

6 Calcule les soustractions.

	8	7
–	5	4
	.	.

	9	8
–	6	4
	.	.

7 Complète pour aller de 4 à 15.

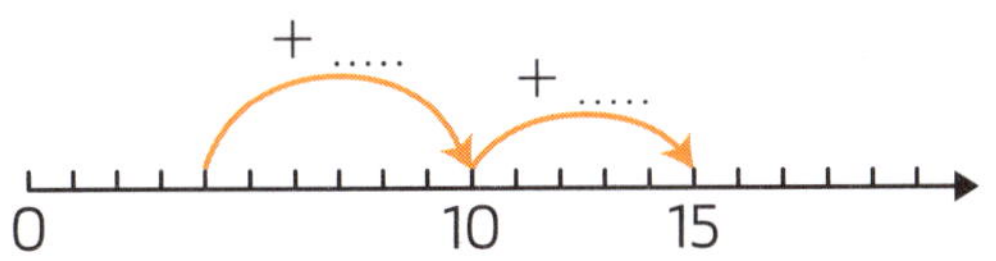

4 + ... = 10

10 + ... = 15

Donc : 4 + ... = 15

8 Mesure les segments et **écris** leur mesure en cm.

 .... cm

 .... cm

31 Les nombres de 100 à 169 (1)

Compétences : Dénombrer des collections ≤ 169. Associer les désignations orales et écrites des nombres.
Calcul mental : Trouver le complément à la centaine d'un nombre en dizaines entières.
Photofiches : Parcours **A** p. 41 – Parcours **B** p. 42

1 Le grand frère de Noé se marie ! Des invitations ont été envoyées.
Compte le nombre d'enveloppes.

Complète et **calcule** l'opération.

…… + …… + …… = ……

Complète ce tableau.

paquet de 100	paquets de 10	enveloppes seules
……	……	……

…… *enveloppes ont été envoyées.*

2 **Écris** et **calcule** chaque opération, puis **complète** les nombres en lettres.

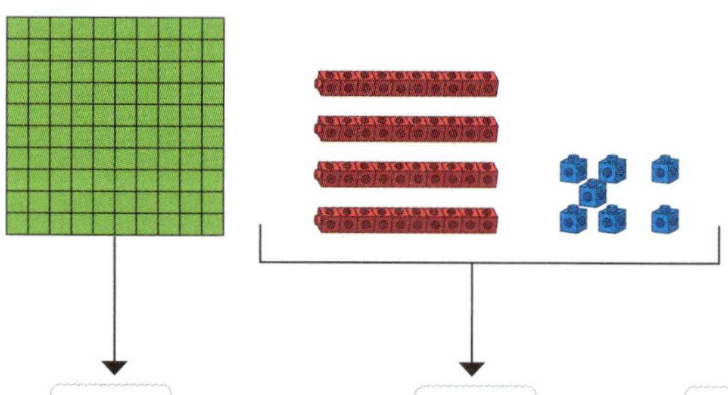

…… + …… = ……

cent ……………………

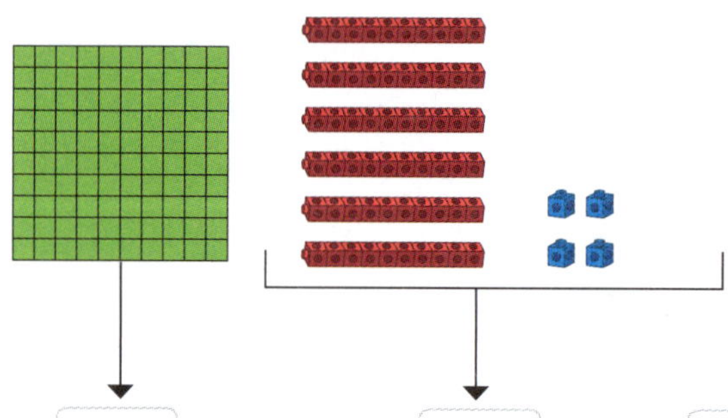

…… + …… = ……

…………………… *quatre*

3 **Écris** ces nombres en chiffres.

cent vingt-sept : ……

cent soixante : ……

cent trente et un : ……

4 **Écris** ces nombres en lettres.

148 : ……………………

165 : ……………………

110 : ……………………

Aide Litchi à compter de 5 en 5.

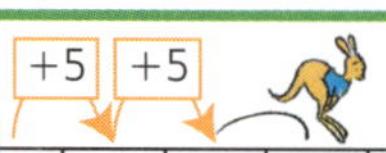

10	15	……	……	……	……	……	……	……	……	……	……	……	……	……	……

32 Les nombres de 100 à 169 (2)

Compétences : Connaître et utiliser les différentes représentations des nombres jusqu'à 169. Décomposer les nombres en s'appuyant sur les unités de numération et la numération de position.
Calcul mental : Ajouter 10 à un nombre à 3 chiffres ≤ 169.
Photofiches : Parcours **A** p. 41 – Parcours **B** p. 42

1 Les parents de Lola lui achètent un vélo. Sa maman a 100 € et son papa 63 €.
Complète en lettres cette somme d'argent totale, puis **écris** l'opération.

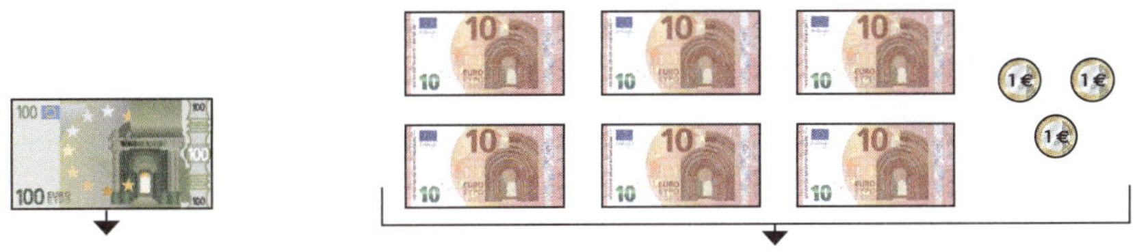

....-.............................. €

.... + ... = ...

2 Lola a réalisé un nombre avec une plaque-centaine, des barres-dizaines et des cubes-unités. Quel est ce nombre ?

Complète et **calcule** l'opération.

.... + ... + ... = ...

Complète ce tableau.

centaine	dizaines	unités
....	....	....

C'est le nombre ....

3 **Écris** ces chiffres dans l'ordre dans le tableau et **écris** le nombre.

6 dizaines **1** centaine **9** unités

c	d	u
....	....	....

C'est le nombre ....

3 unités **2** dizaines **1** centaine

c	d	u
....	....	....

C'est le nombre ....

4 **Complète** ces opérations en ligne.

100 + 10 + 7 = ...

100 + 60 + 2 = ...

100 + 40 + 9 = ...

133 = 100 + ... + 3

157 = 100 + 50 + ...

164 = ... + 60 + 4

33 Les nœuds d'un quadrillage

Compétences : Repérer, coder et décoder les nœuds d'un quadrillage.
Calcul mental : Compter de 10 en 10 à partir d'un nombre à 3 chiffres.
Photofiches : Parcours **A** p. 43 – Parcours **B** p. 44

1 Les rues de la ville ressemblent à un grand quadrillage. Lola et Noé utilisent les intersections des rues et des allées pour repérer leurs amis.

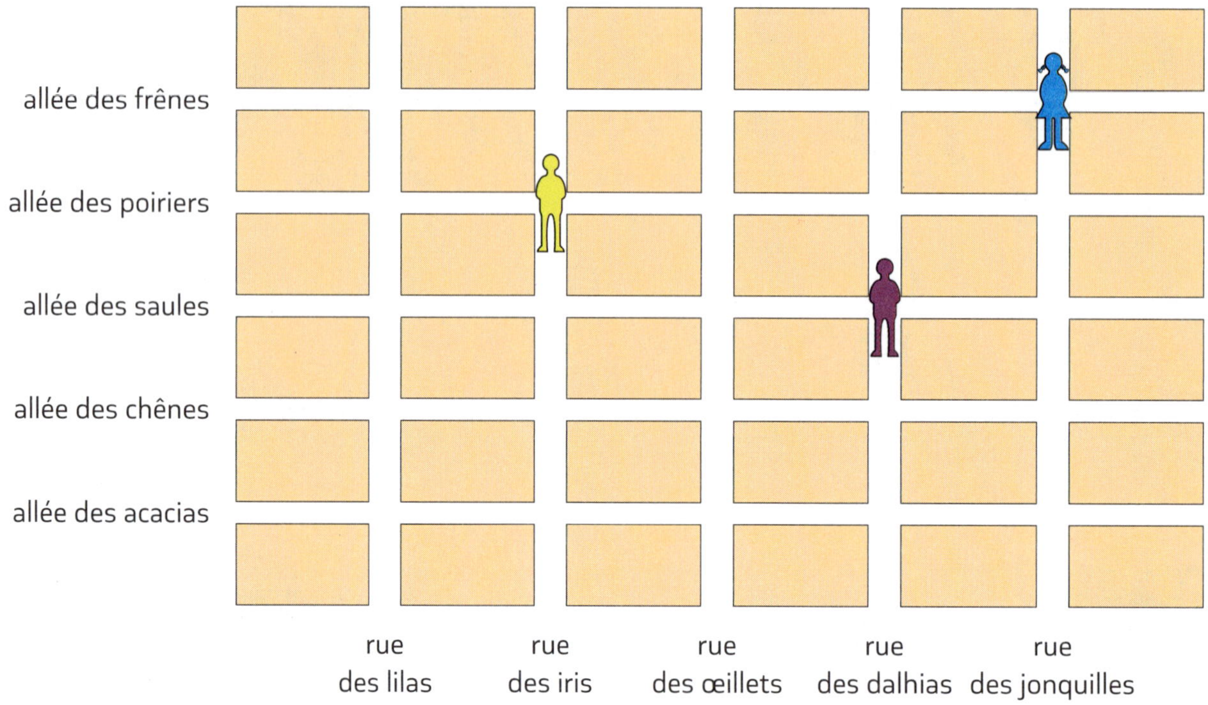

Complète les phrases.

 est à l'intersection de la rue des .... et de l'allée des ....

 est à l'intersection de la rue des .... et de l'allée des ....

 est à l'intersection de la rue des .... et de l'allée des ....

2 **Dessine** ces points sur le plan ci-dessus.

- 🔴 à l'intersection de la rue des œillets et de l'allée des frênes.
- 🟡 à l'intersection de la rue des lilas et de l'allée des saules.
- 🔵 à l'intersection de la rue des iris et de l'allée des chênes.

3 **Repère** et **code** chaque point avec sa ligne verticale et sa ligne horizontale.

⚫ (A,2) 🔵 (........,........)

🟡 (........,........) 🟢 (........,........)

Place ces points sur le quadrillage.

🔴 (C,7) 🟤 (G,5)

🟣 (I,3) 🔵 (D,7)

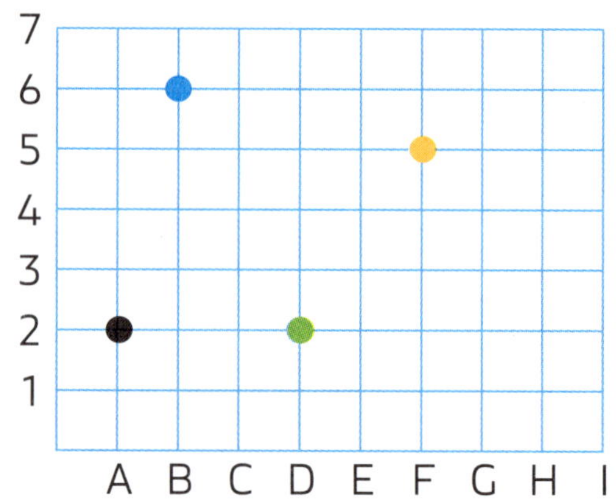

34 Déplacements dans un quadrillage

Compétences : Repérer les nœuds d'un quadrillage. Coder et décoder un déplacement.
Calcul mental : Retirer 10 à un nombre à 3 chiffres ≤ 169.
Photofiches : Parcours **A** p. 44 – Parcours **B** p. 44

1 Pour les Journées du patrimoine, Noé et sa famille visitent plusieurs bâtiments de la ville.

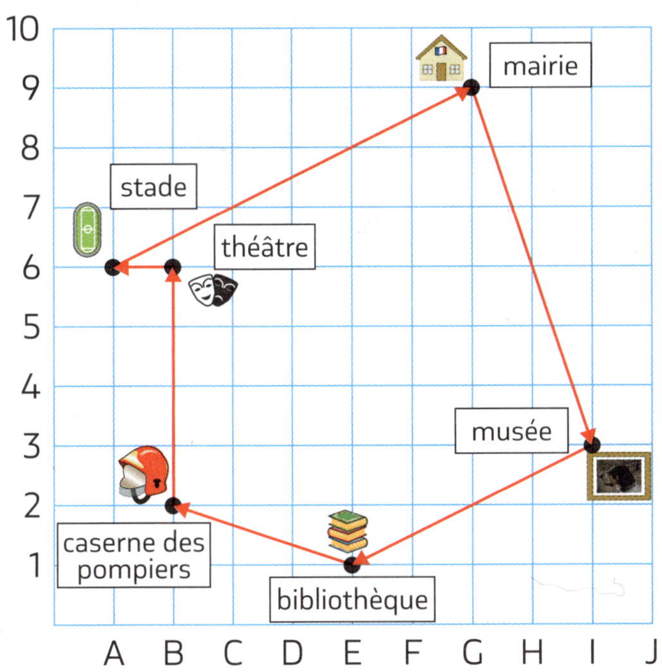

Ils partent de la mairie en (G,9).

- Quelle est la position du musée sur le quadrillage ?

(……,……)

- Quelle est la position du stade sur le quadrillage ?

(……,……)

Repère leur itinéraire sur le quadrillage et **code** leur déplacement.

(……,……) → (……,……) → (……,……)
mairie musée

→ (……,……) → (……,……) → (……,……)

→ (……,……)
mairie

2 Ce facteur prépare son itinéraire de livraison.
Trace le chemin qu'il prévoit de faire en passant par les rues.

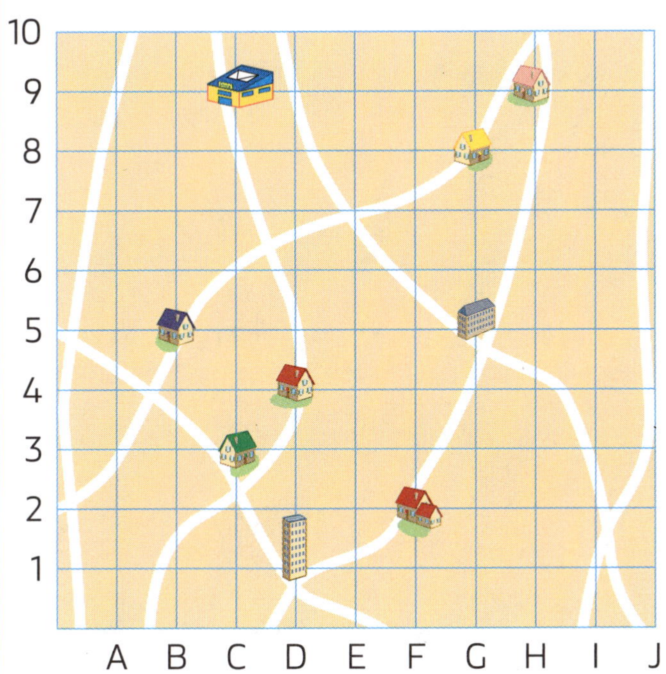

Il part de la poste en (C,9), puis doit passer dans les maisons en :

(D,4) → (C,3) → (B,5) → (G,8) → (H,9) → (G,5) → (F,2) → (D,1).

35 Comparaison des nombres jusqu'à 169 (1)

Compétences : Comparer des nombres ≤ 169. Utiliser les symboles < et >.
Calcul mental : Trouver le complément à la centaine d'un nombre à 2 chiffres.
Photofiches : Parcours **A** p. 45 – Parcours **B** p. 46

1 Lola et Noé fabriquent des colliers. Ils ont des boîtes de 100 perles, des boîtes de 10 perles et des perles à l'unité.
Écris le nombre de perles de chacun et **compare**-les avec **<** ou **>**.

Lola

....

Noé

....

....

2 **Écris** ces deux nombres et **compare**-les avec **<** ou **>**.

....

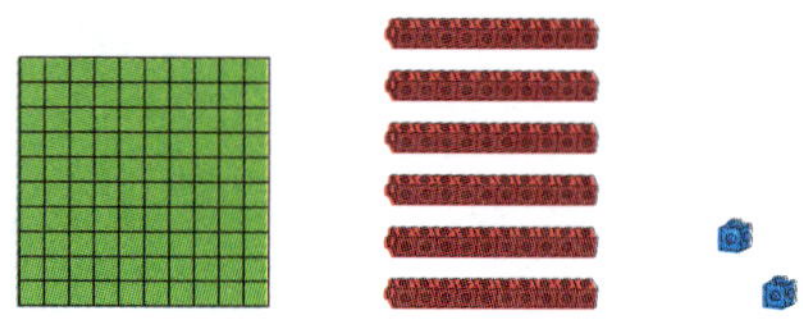

....

....

3 **Compare** ces nombres avec **<** ou **>**.

103 95
87 126
68 112
100 98

154 149
138 161
168 167
142 149

Litchi lance 2 dés.
Colorie sa case d'arrivée.

79	80	81	82	83	84	85	86	87	88	89	90	91	92

36 Comparaison des nombres jusqu'à 169 (2)

......	......	......	......	......

Compétences : Comparer, encadrer et ordonner des nombres ≤ 169.
Calcul mental : Utiliser une procédure de calcul mental pour additionner 3 nombres dont 2 ont une somme en dizaines entières.
Photofiches : Parcours **A** p. 45 – Parcours **B** p. 46

1 **Aide** Litchi à placer ces nombres sur la ligne numérique.

133 152 128 109 146 169 115 157

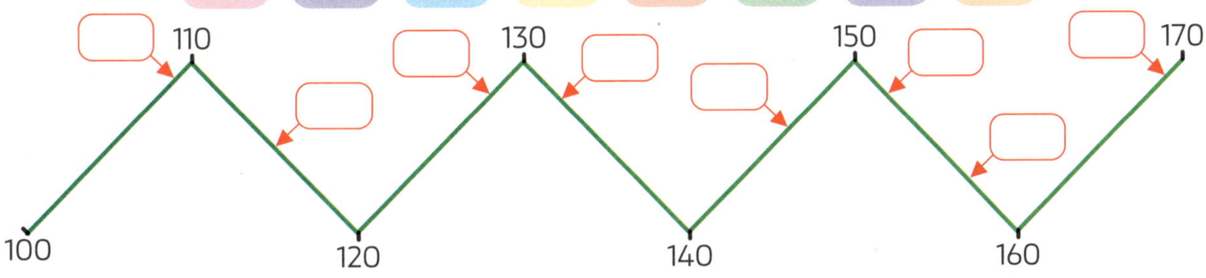

Écris les nombres dans l'ordre croissant (du plus petit au plus grand).

.... < .... < .... < .... < .... < .... < .... < ....

2 **Encadre** ces nombres entre des dizaines entières, comme dans l'exemple.

120 < 128 < 130	.... < 153 <	.... < 107 < ....
.... < 142 <	.... < 119 <	.... < 137 < ....

3 **Range** ces nombres dans l'ordre décroissant (du plus grand au plus petit).

157 136 99 125 169 142 118 120

.... > .... > .... > .... > .... > .... > .... > ....

4 **Écris** chaque nombre qui suit ou qui précède.

119 < ....
.... < 100

139 < ....
.... < 130

159 < ....
.... < 150

5 **Écris**, dans l'ordre décroissant, les 10 nombres qui précèdent le nombre 109.

....

....

Observe et **complète** le chemin de Litchi.

−2 −2

92	90	88	.....	.....	.....	.....	.....	.....

37 Lecture de l'heure (1)

Compétences : Lire l'heure du matin et positionner les aiguilles en heures entières et en heures et demi-heures sur une horloge.
Calcul mental : Réciter les 10 nombres qui suivent un nombre à 3 chiffres ≤ 169.
Photofiches : Parcours **A** p. 47 – Parcours **B** p. 48

1 Voici deux moments de la journée de Lola.
Écris l'heure indiquée.

Il est .... heures.
Lola se lève.

Il est .... heures.
Lola sort en récréation.

2 **Écris** l'heure des activités de Noé.

Il est .... heures et ....
Noé arrive à l'école.

Il est .... heures et ....
Noé suit la leçon de lecture.

3 **Dessine** les aiguilles de chaque horloge.

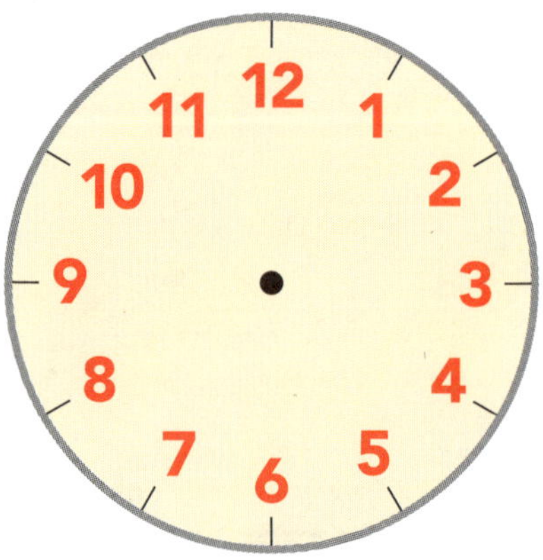

Il est 11 heures et demie.

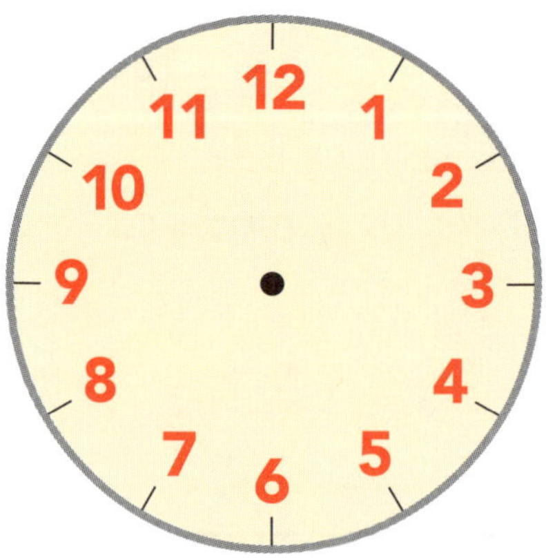

Il est midi et demie.

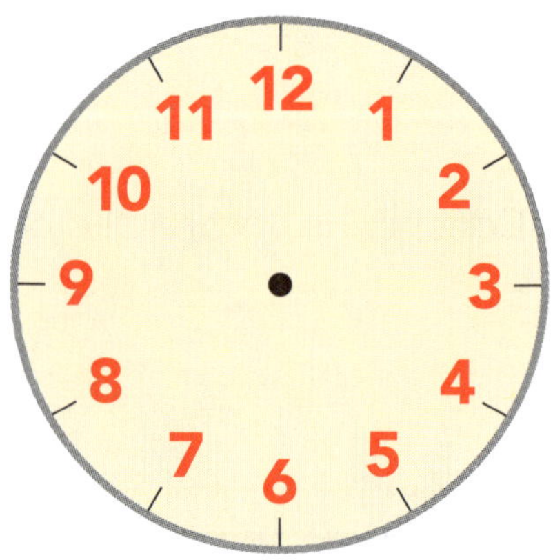

Il est trois heures et demie.

38 Lecture de l'heure (2)

Compétences : Lire l'heure de l'après-midi et positionner les aiguilles en heures entières et en heures et demi-heures sur une horloge. Lire les heures sur 2 supports : affichage numérique et cadran à aiguilles.
Calcul mental : Ajouter des dizaines entières à un nombre à 3 chiffres ≤ 169.
Photofiches : Parcours **A** p. 47 – Parcours **B** p. 48

1 Le mercredi, Samia va au judo à 2 heures de l'après-midi.
Observe l'horloge à aiguilles et **colorie** l'heure que Samia lit sur l'horloge digitale.

13 : 00	14 : 00
15 : 00	16 : 00

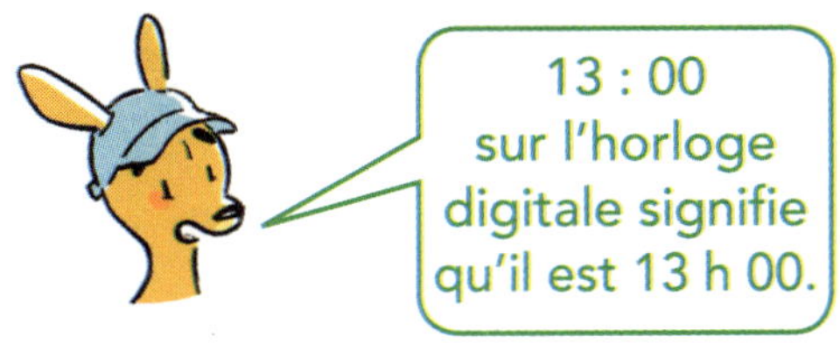

Complète.
2 heures de l'après-midi s'écrit aussi .... h 00.

2 **Lis** l'heure sur l'horloge à aiguilles et **entoure** sur l'horloge digitale qui correspond.

14 : 30 | 15 : 30 | 16 : 30 | 17 : 30

Complète. Il est .... heures et demie de l'après-midi ou .... h ....

3 **Écris** en chiffres l'heure de l'après-midi indiquée sur chaque horloge.

.... h ....

.... h ....

.... h ....

4 **Dessine** les aiguilles de chaque horloge.

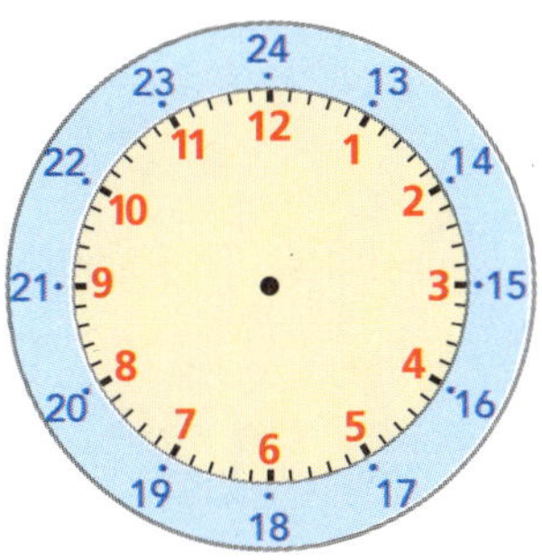

13 h 00

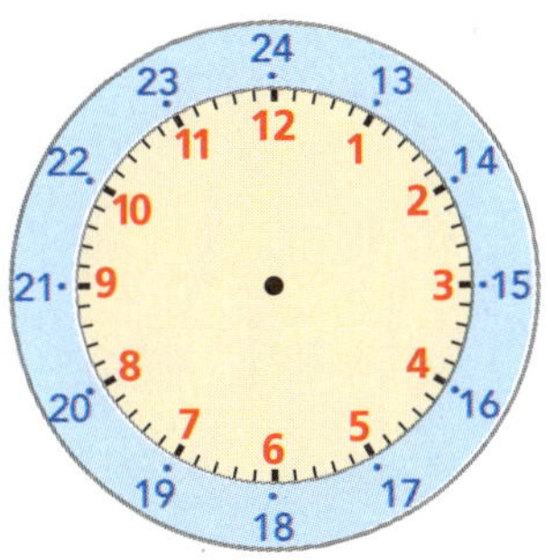

16 h 00

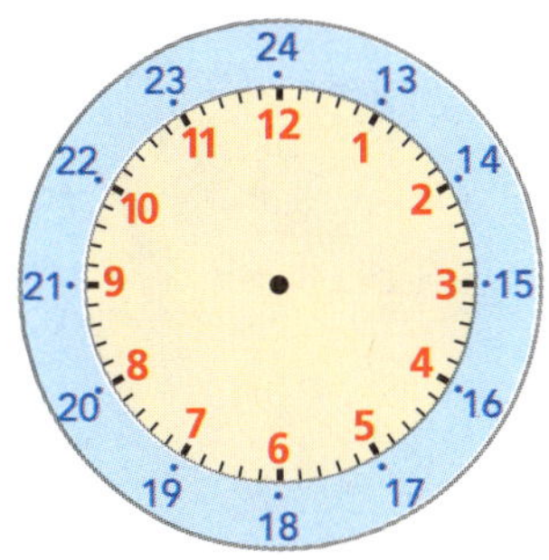

20 h 30

39 Calcul en ligne : compléments à 100 de dizaines entières

Compétence : Connaître les compléments à 100 des dizaines entières.
Calcul mental : Réciter les 10 nombres qui précèdent un nombre à 3 chiffres ≤ 169.
Photofiche : Parcours **A** et **B**, p. 49

1 Noé veut décorer la maison et le jardin pour l'anniversaire de sa maman.
Dessine les paquets de ballons qui lui manquent pour avoir 100 ballons.

Complète.

...... paquets de 10 + ... paquets de 10 = ... paquets de 10 = 100 ballons

2 **Complète** chaque dessin pour avoir une centaine.

...... dizaines + ... dizaines = 1 centaine

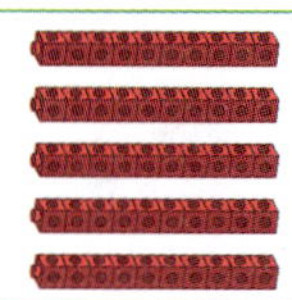

...... dizaines + ... dizaines = 1 centaine

3 **Complète.**

3 dizaines + ... dizaines = 1 centaine

7 d + ... d = 1 c

6 d + ... d = 1 c

8 d + ... d = 1 c

5 d + ... d = 1 c

1 d + ... d = 1 c

4 **Complète.**

80 + ... = 100

60 + ... = 100

30 + ... = 100

10 + ... = 100

20 + ... = 100

50 + ... = 100

40 + ... = 100

70 + ... = 100

40 Le sens de la multiplication : multiplier par 2

Compétences : Découvrir le sens de la multiplication.
Construire et mémoriser des faits numériques multiplicatifs : la table de multiplication par 2.
Calcul mental : Retirer des dizaines entières à un nombre à 3 chiffres ≤ 169.
Photofiche : Parcours **A** et **B**, p. 50

1 Noé a 2 pochettes de 8 images.
Complète.

8 + 8

8 images 2 fois → 8 multiplié par 2

8 × 2 = ...

2 Lola a 2 lots de 6 drapeaux.
Complète.

6 + 6

6 drapeaux 2 fois → 6 multiplié par 2

...... × 2 = ...

3 Lola fait des doubles avec les dés.

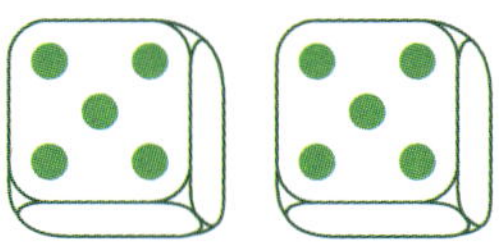

5 deux fois

...... multiplié par ......

...... × ...... = ...

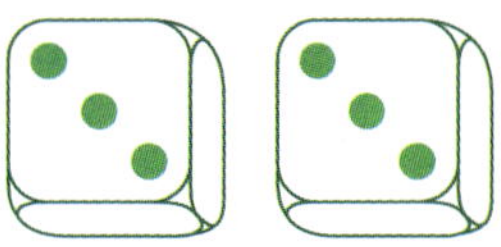

3 deux fois

...... multiplié par ......

...... × ...... = ...

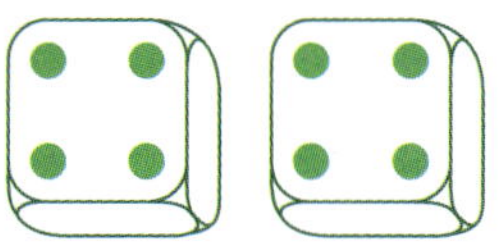

4 deux fois

...... multiplié par ......

...... × ...... = ...

4 **Complète** pour avoir 6 deux fois.

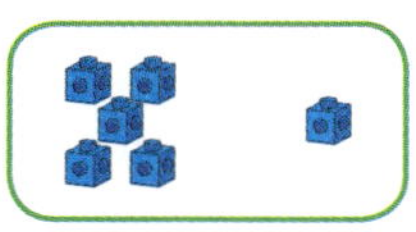

...... + ... = ...

...... × ...... = ...

5 **Complète** pour avoir 7 deux fois.

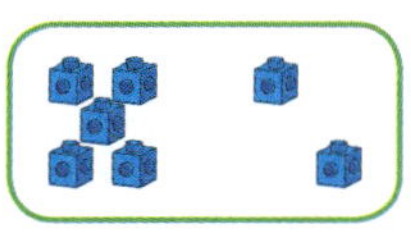

...... + ... = ...

...... × ...... = ...

6 **Complète** la table de multiplication par 2.

1 multiplié par 2	1 × 2 = ...	
2 multiplié par 2	2 × 2 = ...	
3 multiplié par 2	3 × 2 = ...	
4 multiplié par 2	4 × 2 = ...	
5 multiplié par 2	5 × 2 = ...	
6 multiplié par 2	6 × 2 = ...	
7 multiplié par 2	7 × 2 = ...	
8 multiplié par 2	8 × 2 = ...	
9 multiplié par 2	9 × 2 = ...	
10 multiplié par 2	10 × 2 = ...	

41 Problèmes du champ additif (2)

Compétences : Résoudre des problèmes du champ additif (addition et soustraction). Modéliser des problèmes additifs à l'aide de schémas.
Calcul mental : Additionner 2 nombres à 2 chiffres avec retenue.
Photofiches : Parcours **A** p. 51 – Parcours **B** p. 52

1 Lola et Noé récupèrent les bouchons de bouteilles plastiques pour le tri sélectif.
Lola en a déjà récupéré 39. Noé en a 45 de plus que Lola.
Combien Noé a-t-il récupéré de bouchons ?

Complète ce schéma.

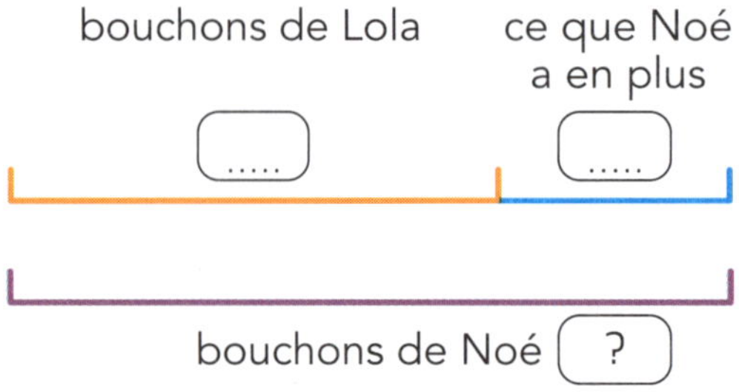

Fais tes essais.

Écris l'opération en ligne et **calcule**.

Écris la phrase réponse.

2 Dans leur école, il y a 68 élèves au CP et 89 élèves au CE1.
Combien y a-t-il d'élèves de plus au CE1 qu'au CP ?

Complète ce schéma.

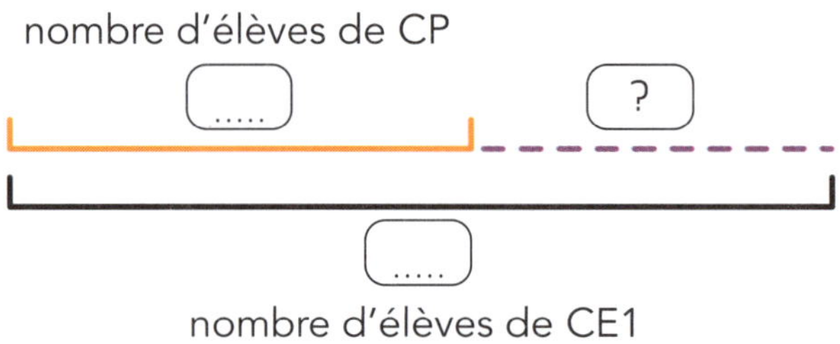

Fais tes essais.

Écris l'opération en ligne et **calcule**.

Écris la phrase réponse.

42 Problème du champ additif à 2 étapes (2)

Compétence : Résoudre des problèmes du champ additif (addition et soustraction) à 2 étapes.
Calcul mental : S'entraîner sur la table de multiplication par 2.
Photofiches : Parcours **A** p. 51 – Parcours **B** p. 52

Noé avait 78 billes. Il joue le matin avec Lola et il gagne 19 billes.
L'après-midi, il fait une nouvelle partie avec Lola et perd alors 45 billes.
Combien Noé a-t-il de billes après la 2nde partie ?

1re étape :
Combien a-t-il de billes après la 1re partie ?
Écris les informations nécessaires.

Nombre de billes au départ : ....

Nombre de billes gagnées : ....

Fais tes essais.

Écris l'opération en ligne.

Écris la phrase réponse.

2nde étape :
Combien a-t-il de billes après la 2nde partie ?
Écris les informations nécessaires.

Nombre de billes au début de la 2nde partie : ....

Nombre de billes perdues : ....

Fais tes essais.

Écris l'opération en ligne.

Écris la phrase réponse.

43 Les doubles des nombres d'usage courant

Compétence : S'approprier des nombres entiers donnés sous la forme « le double de ».
Calcul mental : Lire l'heure.
Photofiches : Parcours **A** p. 53 – Parcours **B** p. 54

1 Lola a 8 ans. Sa sœur a le double de son âge.
Quel âge a la sœur de Lola ?

Complète.

La sœur de Lola a :

8 + 8 = ...

La sœur de Lola a .... ans.

.... est le double de ....

2 **Dessine** le double de chaque nombre avec des barres-dizaines.

le double de **10** | le double de **30** | le double de **20**

...... est le double de .... | ...... est le double de .... | ...... est le double de ....

3 **Calcule** le double de **15**.

15 + 15 = ...

.... est le double de ....

4 **Écris** le double de ces nombres.

.... est le double de 8.
.... est le double de 10.
.... est le double de 40.
.... est le double de 50.

Aide Litchi à compléter la bande numérique.

.....	.....	.....	.....	.....	.....	.....	.....	.....	.....	150	160

–10 –10

44 Les moitiés des nombres d'usage courant

…… …… …… …… ……

Compétence : S'approprier des nombres entiers donnés sous la désignation « la moitié de ».
Calcul mental : Donner un nombre sous la forme « … c … d … u » et sous la forme désordonnée « … u … d … c » (nombres ≤ 169).
Photofiches : Parcours **A** p. 53 – Parcours **B** p. 54

1 Noé et Lola prennent chacun la moitié de 18 sucettes.
Entoure la part de chacun et **complète**.

…… + …… = **18**

…… est la moitié de **18**.

2 **Partage** ces sommes d'argent en deux moitiés égales.
Complète les opérations et les phrases.

…… + …… = ……

…… est la moitié de …… .

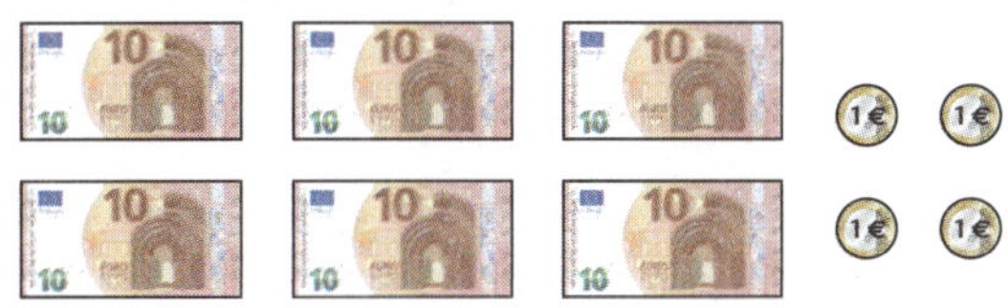

…… + …… = ……

…… est la moitié de …… .

3 **Calcule** la moitié de ces nombres.

…… + …… = **40**

…… est la moitié de **40**.

…… + …… = **80**

…… est la moitié de **80**.

…… + …… = **28**

…… est la moitié de **28**.

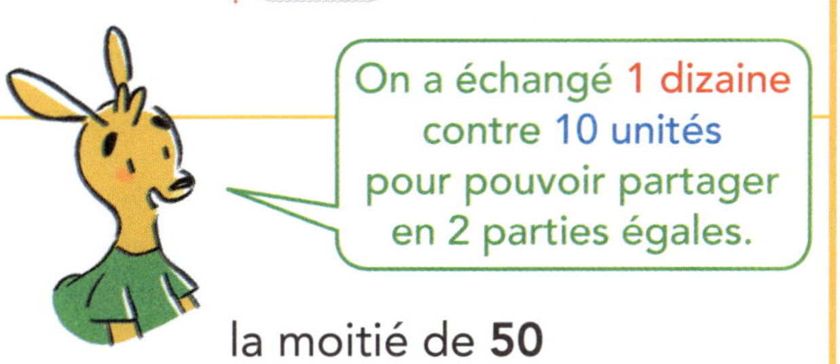

4 **Entoure** la moitié de chaque nombre et **complète**.

la moitié de **30**

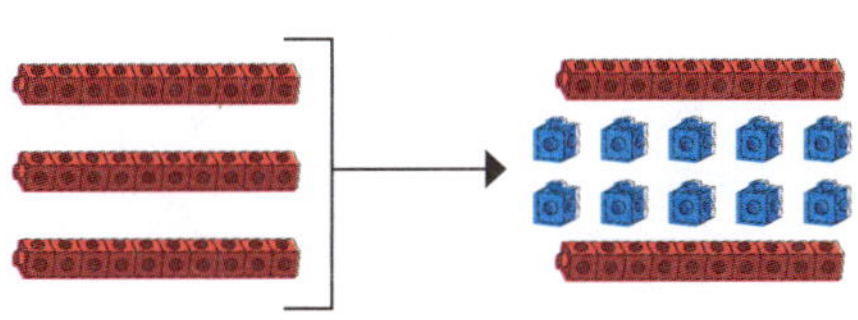

…… est la moitié de …… .

la moitié de **50**

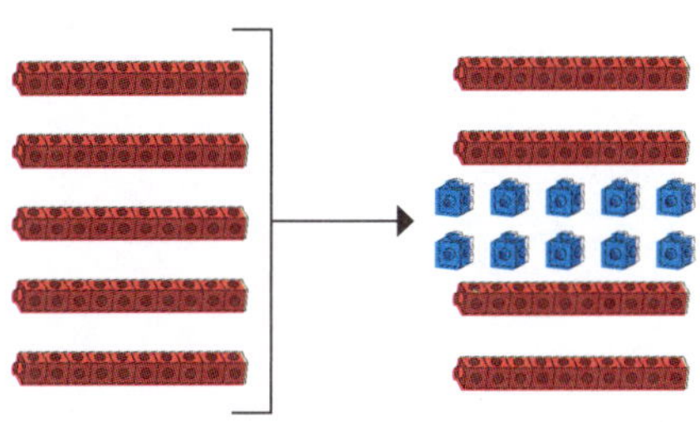

…… est la moitié de …… .

45 Problèmes pour apprendre à chercher (2)

Compétence : S'engager dans une démarche de résolution de problèmes en émettant des hypothèses, en les testant, en essayant plusieurs pistes, exposant sa démarche de recherche.
Calcul mental : S'entraîner sur la table de multiplication par 2.

1 Lola doit suivre des consignes pour colorier des bandes de papier.
La bande **verte** est plus longue que la bande **rouge**, mais moins longue que la **jaune**.
La bande **bleue** n'est pas la plus longue.
La bande **bleue** est plus longue que deux autres bandes.
Quelle est la couleur de chaque bande ?

Colorie chaque bande de la bonne couleur.

bande A

bande B

bande C

bande D

Fais tes recherches.

2 Noé achète 8 € de figurines.
Trouve toutes les solutions pour payer 8 € avec ces pièces et ces billets.

Aide-toi du matériel pages 3 et 4 et **dessine** les solutions que tu as trouvées.

Fais tes essais.

46 Révisions (3)

Calcul mental

....	....	....	....	....	....

1 Compare avec le signe < ou >.

154 147

139 141

163 167

152 125

2 Écris ces nombres en chiffres ou en lettres.

163 : ....

cent cinquante-sept : ....

142 : ....

cent trente-cinq : ....

3 Écris ces nombres en chiffres.

1 c 5 d 9 u : ....

1 c 6 d 1 u : ....

4 d 1 c 6 u : ....

5 u 3 d 1 c : ....

4 Complète ces phrases.

14 est le double de ....

.... est le double de 25.

20 est la moitié de ....

.... est la moitié de 60.

5 Écris l'heure indiquée par l'horloge.

matin

....

après-midi

....

6 Place ces points sur les nœuds du quadrillage.

- (B,5)
- (C,4)
- (D,2)
- (A,3)

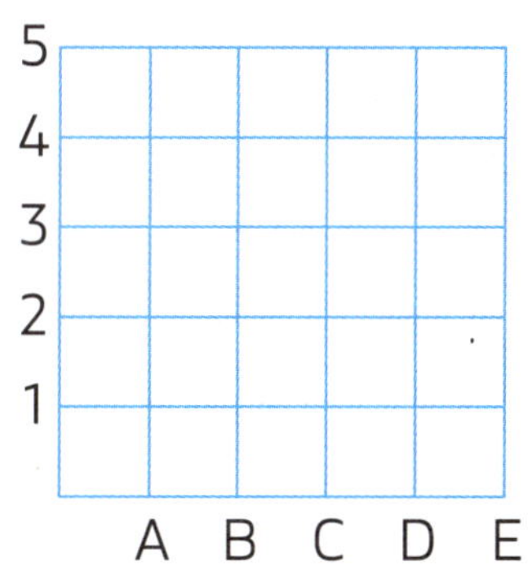

7 Complète.

50 + ... = 100

1 dizaine + ... dizaines = 1 centaine

.... d + 6 d = 1 c

8 Complète ces multiplications.

7 × 2 = ...

5 × 2 = ...

1 × 2 = ...

2 × 2 = ...

9 × 2 = ...

6 × 2 = ...

47 Les nombres de 170 à 179 (1)

Compétences : Dénombrer des collections de 170 à 179. Associer les désignations orales et écrites des nombres.
Calcul mental : Trouver le double des nombres de 1 à 20.
Photofiches : Parcours **A** p. 55 – Parcours **B** p. 56

1 Lola fabrique des objets avec des pinces à linge.
Elles sont rangées par paquets de 100, par paquets de 10 ou seules.
Calcule le total de deux manières.

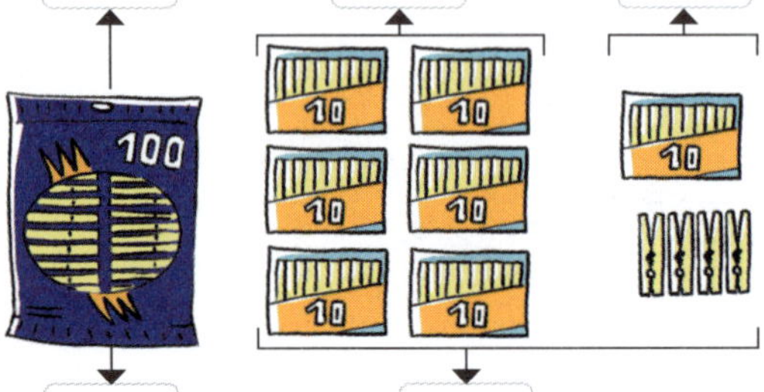

100 + 60 + ... = ...

100 + ... = ...

Écris le nombre en lettres. cent .... - ....

2 **Calcule** le total de deux manières, comme Lola et Noé.

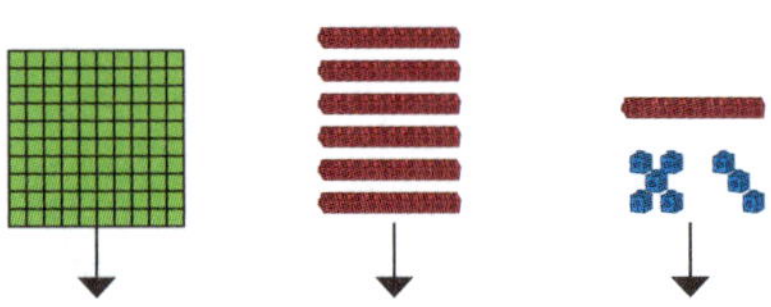

.... + ... + ...

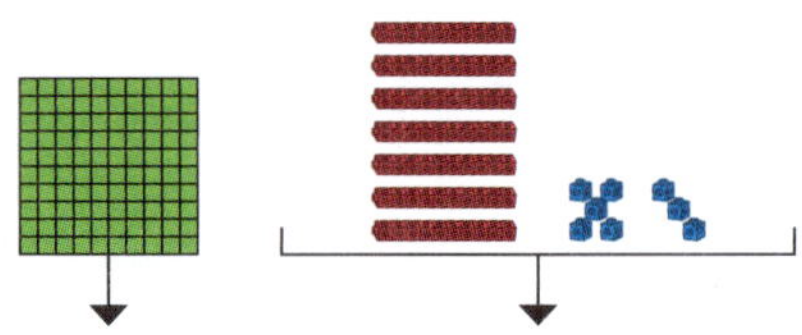

.... + ...

Écris le nombre en lettres.

....

3 **Écris** les nombres en chiffres ou en lettres.

172 : cent ....

175 : ....

.... cent soixante-dix-neuf

.... cent soixante-seize

4 **Entoure** le nombre en chiffres que l'on peut écrire en utilisant tous les mots.

cent, treize, soixante	soixante, cent, dix, huit	soixante, cent, et, onze
160 173 113	168 170 178	111 160 171

Les nombres de 170 à 179 (2)

Compétences : Connaître et associer les différentes représentations d'un nombre. Composer et décomposer des nombres de 170 à 179.
Calcul mental : Trouver la moitié des nombres pairs ≤ 20.
Photofiches : Parcours **A** p. 55 – Parcours **B** p. 56

…… …… …… …… ……

1 Litchi fait trois sauts successifs sur la bande numérique. **Complète** son chemin.

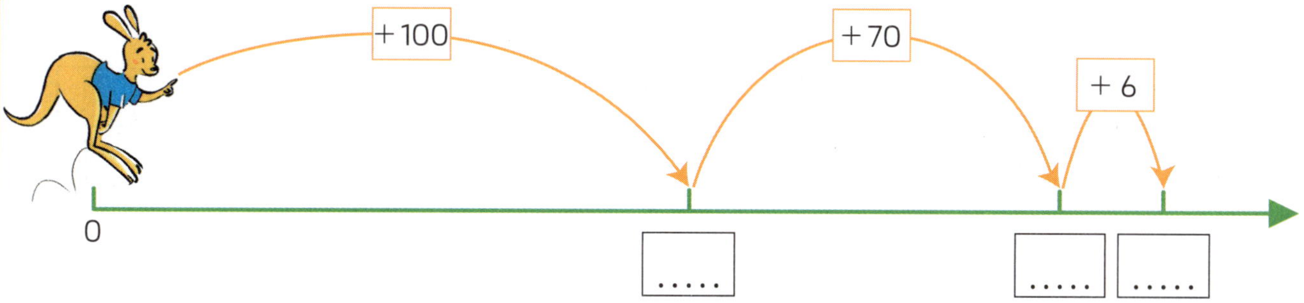

Sur quel nombre arrive-t-il ? **Calcule**, puis **écris** ce nombre en lettres.

…… + …… + …… = ……

……………………………………………………………………

2 **Écris** la décomposition de ces nombres.

cent soixante-treize

…… + …… + ……

cent soixante-dix-neuf

…… + …… + ……

cent soixante-quinze

…… + …… + ……

cent soixante-dix-sept

…… + …… + ……

3 **Décompose** les nombres en centaines, dizaines et unités.

171 = …… centaine …… dizaines …… unité

174 = …… centaine …… dizaines …… unités

178 = …… centaine …… dizaines …… unités

176 = …… c …… d …… u

172 = …… c …… d …… u

173 = …… c …… d …… u

4 Ces nombres ont été écrits dans le désordre.
Écris-les, puis **relie**-les sur la droite numérique.

7 d 1 c 2 u = ……

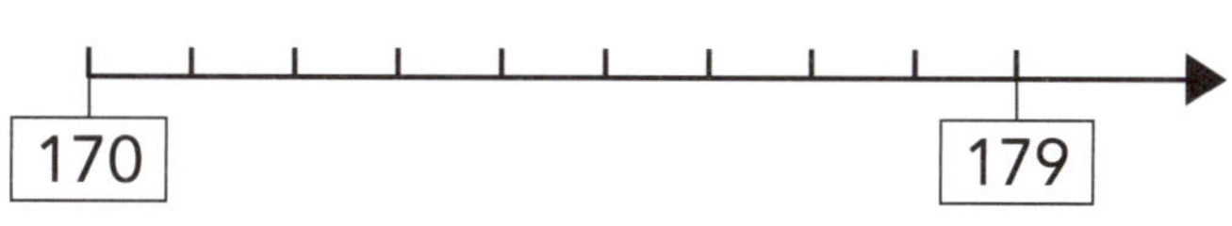

7 d 1 c 7 u = ……

8 u 1 c 7 d = ……

49 Calcul en ligne : utiliser la dizaine supérieure

Compétence : Utiliser une stratégie de calcul réfléchi d'une addition en s'appuyant sur le complément à la dizaine supérieure et sur la droite graduée.
Calcul mental :

....

1 Lola a 17 images. Elle en voudrait 25. Combien doit-elle en ajouter ? **Complète.**

17 + ... = 20 20 + ... = 25

17 + ... + ... = 25

Elle doit ajouter ....

2 **Complète** pour aller de 28 à 34.

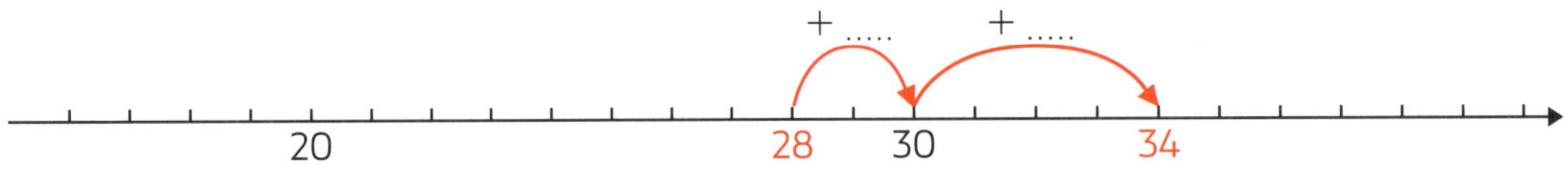

28 + ... = 30 30 + ... = 34

28 + ... + ... = 34

28 + ... = 34

3 **Complète** pour aller de 36 à 45.

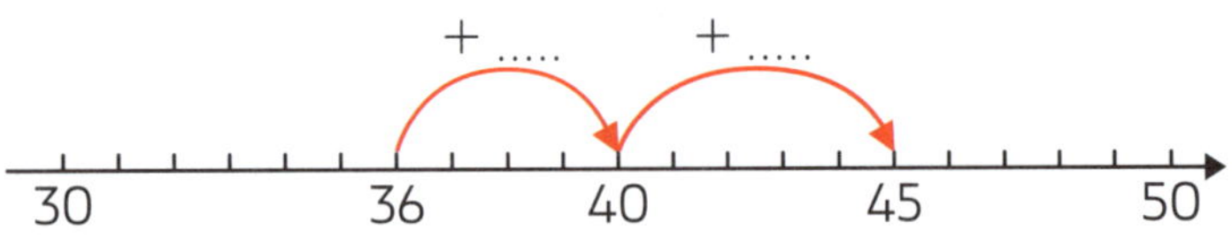

36 + ... = 40

36 + ... + ... = 45

36 + ... = 45

4 **Complète** les additions en utilisant le complément à la dizaine supérieure.

26 + ... + ... = 32
26 + ... = 32

38 + ... + ... = 43
38 + ... = 43

49 + ... + ... = 56
49 + ... = 56

53 + ... + ... = 62
53 + ... = 62

50 Addition posée de 2 nombres à 2 chiffres avec retenue (2)

Compétence : Mettre en œuvre une technique de calcul posé de l'addition à retenue.
Calcul mental : Trouver le double de dizaines entières.
Photofiche : Parcours **A** et **B**, p. 57

......	......	......	......	......

1 **Barre** 10 cubes-unités et **dessine** 1 barre-dizaine en échange. **Complète**.

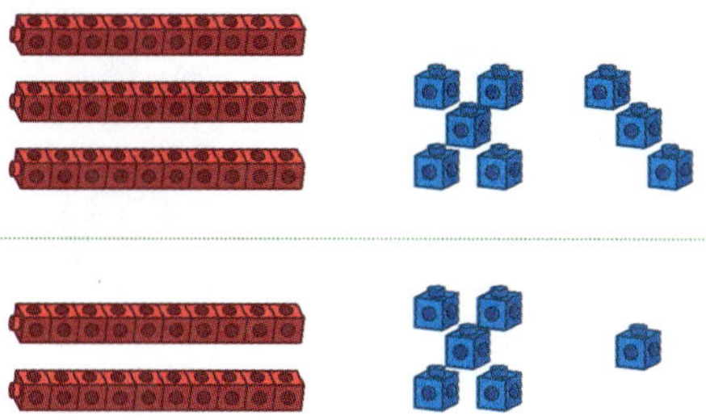

...... + ... = ...

	dizaines	unités
	+	....
+	....	....
Total	....	....

2 **Calcule** ces additions.

	dizaines	unités
	+ 3	7
+	2	8
Total	....	....

	d	u
	+ 6	5
+	2	7
Total	....	....

3 **Calcule** ces additions.

```
    3 7        5 2        4 4
+   4 7    +   2 9    +   4 8
-------    -------    -------
    . .        . .        . .
```

Aide Litchi à compter de 10 en 10.

25	35	45	.....	.....	.....	.....	.....	.....	115	.....	.....	.....	155	.....

51 Les figures planes

Compétences : Reconnaître et nommer les figures usuelles : carré, rectangle, triangle, cercle. Compléter et reproduire des figures et des assemblages sur papier quadrillé en utilisant la règle comme instrument de tracé.
Calcul mental : Trouver la moitié de dizaines entières (chiffre des dizaines pair).
Photofiches : Parcours **A** p. 58 – Parcours **B** p. 59

1 **Relie** chaque figure à son nom.

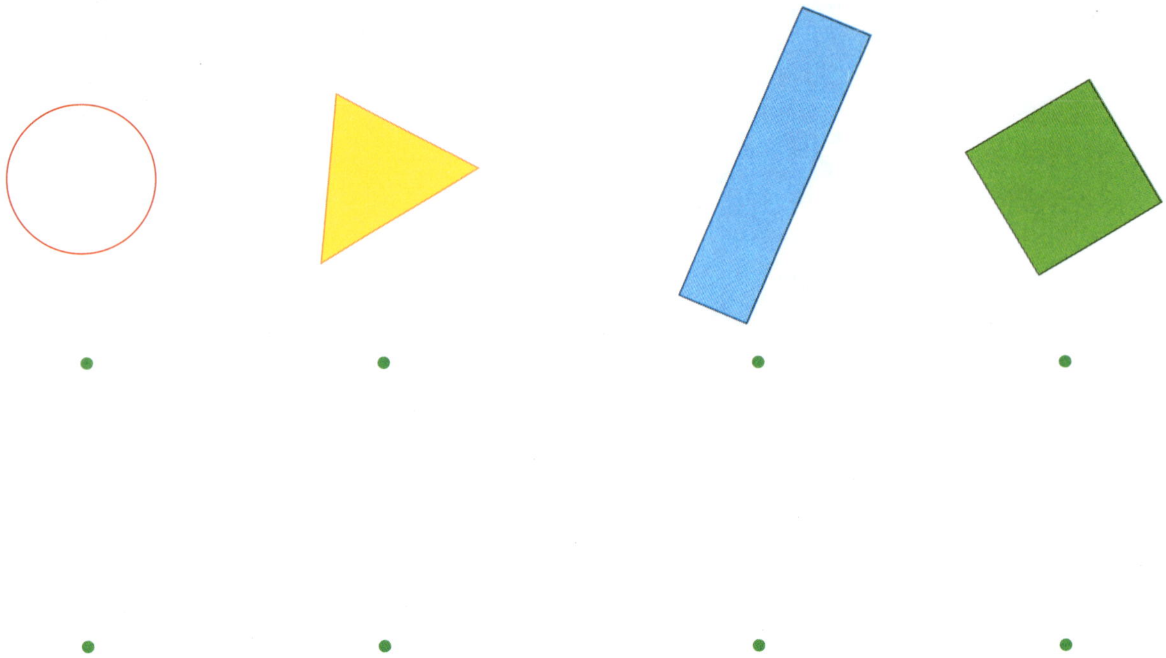

triangle   carré   cercle   rectangle

2 **Complète**, à la règle, les carrés en **rouge** et les rectangles en **bleu**.

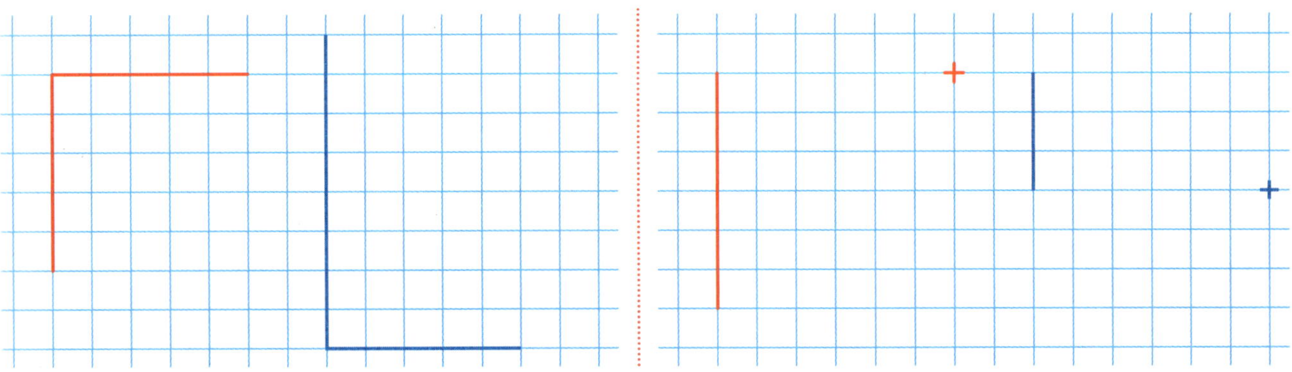

3 **Trace**, à la règle, la suite de cette frise.

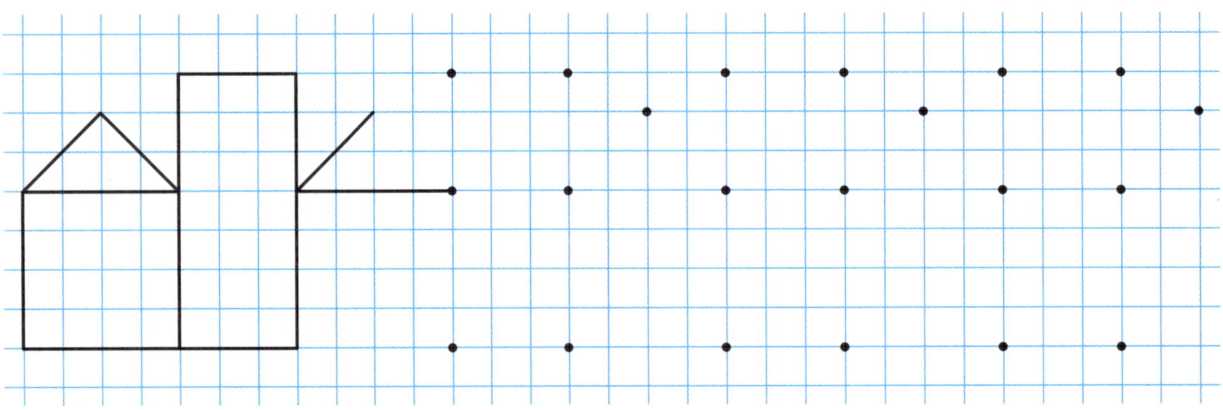

52 L'angle droit (1)

Compétences : Construire l'angle droit avec l'équerre.
Repérer l'angle droit dans des figures planes.
Calcul mental : Trouver le double de nombres courants.
Photofiches : Parcours **A** p. 58 – Parcours **B** p. 59

1 **Observe** comment bien placer l'équerre.

2 Les élèves ont-ils plié leur feuille en faisant un angle droit ?
Utilise ton équerre pour vérifier.
Entoure la bonne réponse.

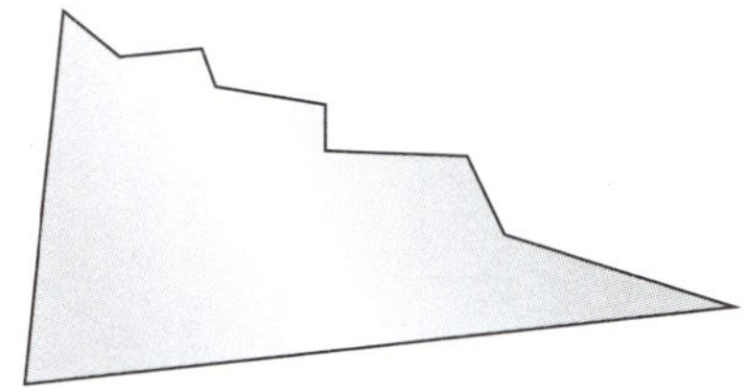
oui – non

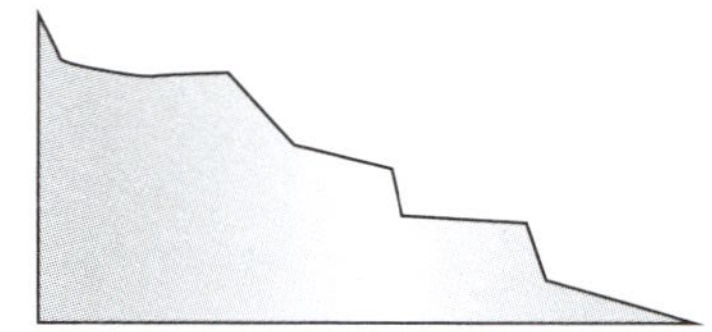
oui – non

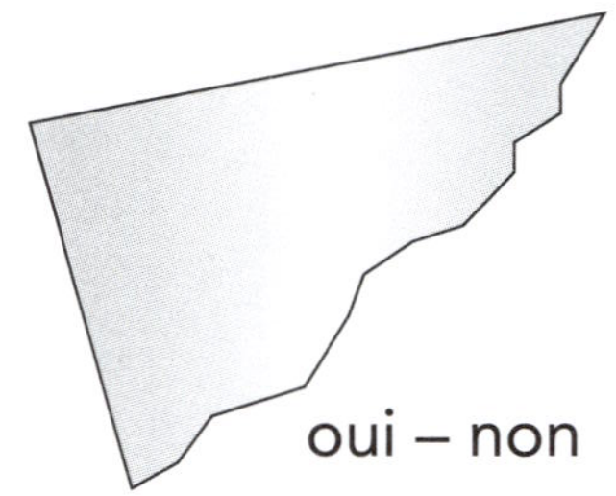
oui – non

3 **Utilise** ton équerre pour repérer les angles droits de ces figures (s'il y en a).
Marque d'un carré rouge chaque angle droit.

53 Les nombres de 180 à 189

Compétences : Dénombrer et décomposer des collections de 180 à 189. Associer les désignations orales et écrites de ces nombres.
Calcul mental : Utiliser une procédure de calcul mental pour additionner 3 nombres dont 2 ont une somme égale à 100.
Photofiches : Parcours **A** p. 60 – Parcours **B** p. 61

....

1 Lola aime fabriquer des colliers de perles.
Écris le nombre total de perles.

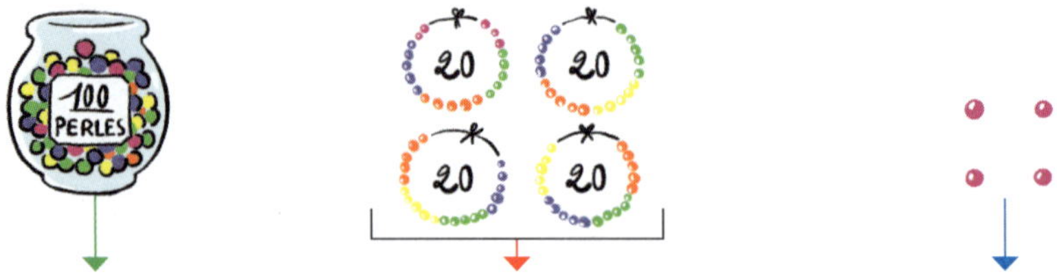

En lettres : ....-...................... - ....

En chiffres, c'est le nombre ....

2 **Complète** l'addition et le tableau, puis **écris** le nombre en lettres.

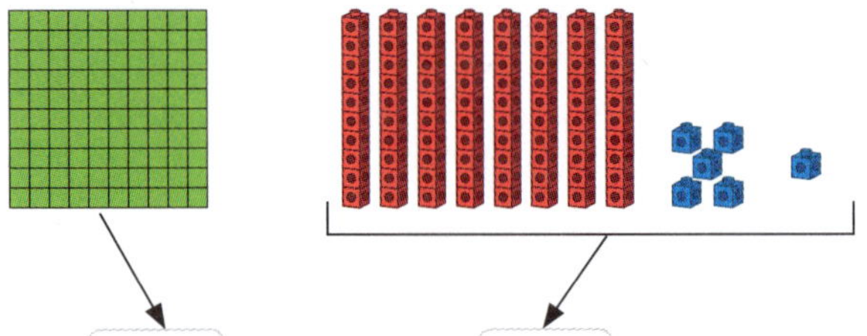

.... + ... = ...

c	d	u
.	.	.

Le nombre se dit et s'écrit en lettres : cent ....

3 **Écris** ces nombres en chiffres.

cent quatre-vingt-sept

c	d	u
.	.	.

cent quatre-vingt-trois

c d u
. . .

cent quatre-vingt-cinq

. . .

4 **Écris** ces nombres en désordre en chiffres.

1 u 8 d 1 c ....

8 d 1 c 6 u ....

8 d 9 u 1 c ....

5 **Écris** ces nombres en lettres.

- 187 → ....
- 182 → ....
- 180 → ....

54 Les nombres de 190 à 199

....	....	....	....	....

Compétences : Dénombrer et décomposer des collections de 190 à 199. Passer d'une représentation du nombre à une autre. Associer les noms des nombres à leur écriture chiffrée.
Calcul mental : Trouver la moitié de dizaines entières dont le chiffre des dizaines est un nombre impair.
Photofiches : Parcours **A** p. 62 – Parcours **B** p. 63

1 La maîtresse compte tous les crayons de couleur de la classe.
Complète pour avoir le nombre en lettres et en chiffres.

En lettres : ....-................ - ....

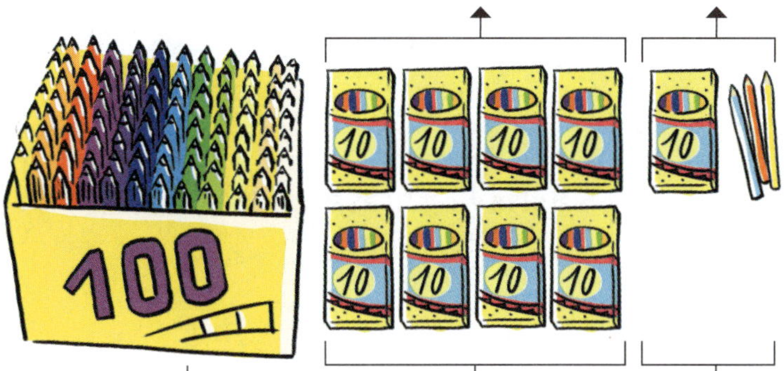

En chiffres : .... + ... + ... = ...

2 **Utilise** le schéma pour écrire ce nombre en lettres et en chiffres.
Complète le tableau de numération.

En lettres : ....-................ ....-...............

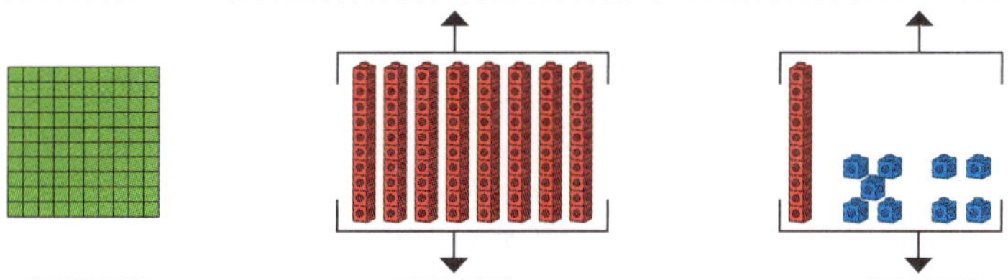

c	d	u
.	.	.

En chiffres : .... + ... + ... = ...

3 **Complète** ces égalités et **écris** chaque nombre en lettres.

192 = ... + 92

....

.... = 100 + 97

....

195 = 100 + ...

....

198 = ... + ...

....

4 **Entoure** le nombre en chiffres qui convient.

cent quatre-vingt-seize

10096 – 1008016 – 196 – 169 – 691

cent quatre-vingt-onze

1008019 – 919 – 991 – 199 – 99 – 191

55 Problèmes sur les longueurs (1)

Compétence : Résoudre des problèmes du champ additif impliquant des longueurs.
Calcul mental : Ajouter une dizaine entière à un nombre ≤ 199.
Photofiches : Parcours **A** p. 64 – Parcours **B** p. 65

1 Noé mesure 125 cm. Il mesure 45 cm de moins que son papa.
Quelle est la taille du papa de Noé ?

Fais tes essais.

Écris l'opération en ligne.

Écris la phrase réponse.

2 Le petit frère de Noé a 3 ans. Il mesure 96 cm.
À sa naissance, il mesurait 51 cm.
De combien de centimètres a-t-il grandi ?

Fais tes essais.

Écris l'opération en ligne.

Écris la phrase réponse.

3 Le petit frère de Lola mesure 60 cm.
Lola mesure exactement le double de la taille de son petit frère.
Combien Lola mesure-t-elle ?

Fais tes essais.

Écris l'opération en ligne.

Écris la phrase réponse.

56 Problèmes sur les longueurs (2)

Compétences : Résoudre des problèmes additifs à 2 étapes impliquant des longueurs. Modéliser des problèmes à l'aide de schémas et d'écritures mathématiques.
Calcul mental : Retirer une dizaine entière à un nombre ≤ 199.
Photofiches : Parcours **A** p. 64 – Parcours **B** p. 65

Jojo l'escargot part de sa maison.
Il parcourt 49 cm jusqu'à la première salade, puis 39 cm jusqu'à la salade suivante.
Il revient en arrière de 25 cm pour manger la tomate.
Quelle longueur doit-il alors parcourir pour revenir à sa maison ?

Complète ce schéma et **résous** les 2 étapes du problème.

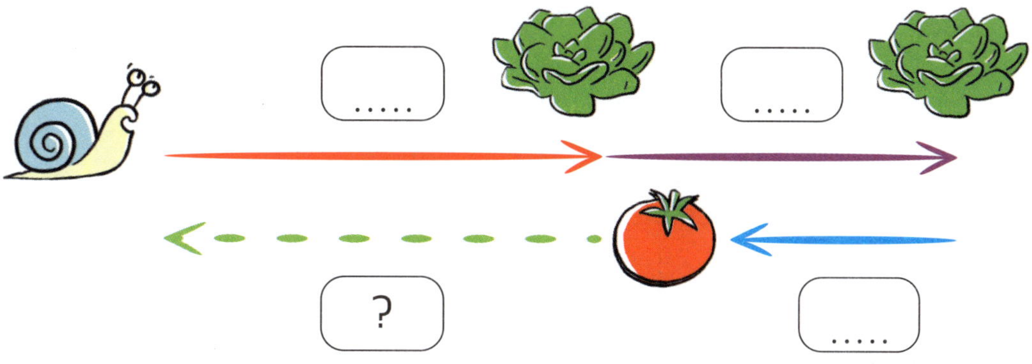

1re étape : Quelle distance parcourt-il pour aller jusqu'à la 2nde salade ?

Souligne en bleu les informations de l'énoncé que tu vas utiliser.

Fais tes essais.

Écris l'opération en ligne et **calcule**.

Écris la phrase réponse.

2nde étape : Quelle distance doit-il parcourir pour revenir à sa maison ?

Souligne en vert les informations dont tu as besoin pour calculer.

Fais tes essais.

Écris l'opération en ligne et **calcule**.

Écris la phrase réponse.

57 Addition de 2 nombres à 2 ou 3 chiffres avec retenue (1)

Compétence : Mettre en œuvre la technique de calcul posé de l'addition de 2 nombres à 2 ou 3 chiffres, avec une retenue.
Calcul mental : Réciter la suite de 15 nombres qui suivent un nombre donné avec passage de l'étape « soixante-dix ».
Photofiche : Parcours **A** et **B**, p. 66

1 Lola et Noé comptent leurs bûchettes. **Écris** le nombre de bûchettes de chacun. **Calcule** le nombre total de bûchettes.

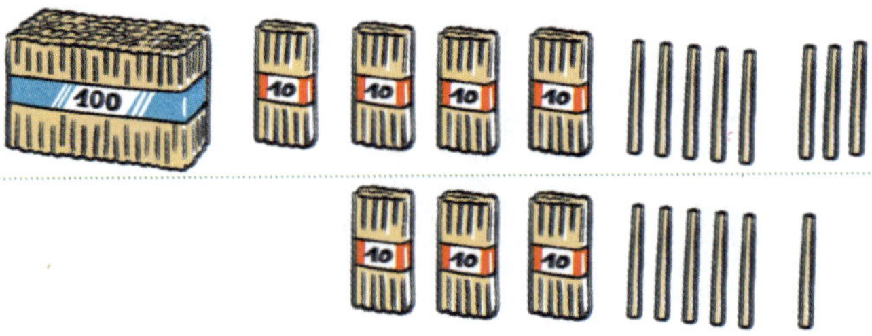

	c	d	u
	....	+	....
+	....	....	....
Total	....	....	....

2 **Complète** cette addition et **calcule**.

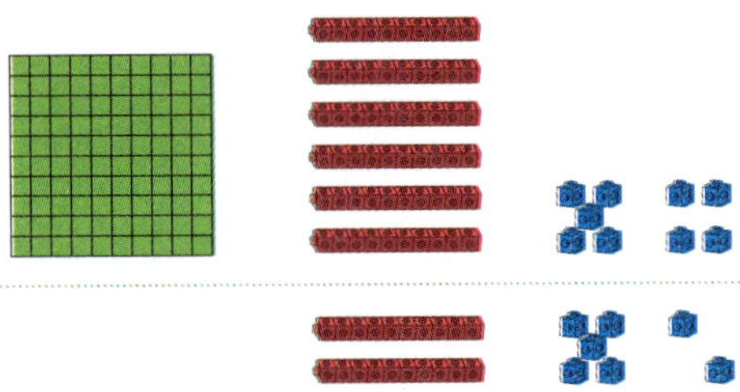

	c	d	u
	....	+	....
+	....	....	....
Total	....	....	....

3 **Calcule** ces additions.

	c	d	u
	1	+ 1	9
		3	4
Total	....	....	....

	c	d	u
	1	3	6
+		2	7
	.	.	.

	1	0	8
+		3	9
	.	.	.

4 **Pose** et **calcule**.

156 + 34

148 + 47

58 La soustraction posée avec retenue (1)

NOMBRES ET CALCULS

Compétence : Découvrir le sens et une technique opératoire de la soustraction à retenue.
Calcul mental : S'entraîner sur la table de multiplication par 2 sous la forme « quel nombre multiplie-t-on par 2 pour avoir 10 ? ».
Photofiche : Parcours **A** et **B**, p. 67

1 Noé a 3 calots et 4 billes. Il veut donner 8 billes à Samia. Un calot vaut 10 billes. Il échange un calot contre 10 billes.

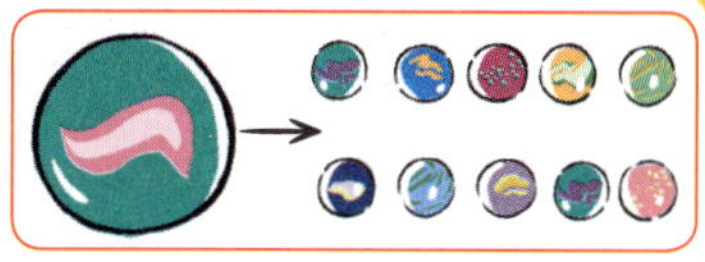

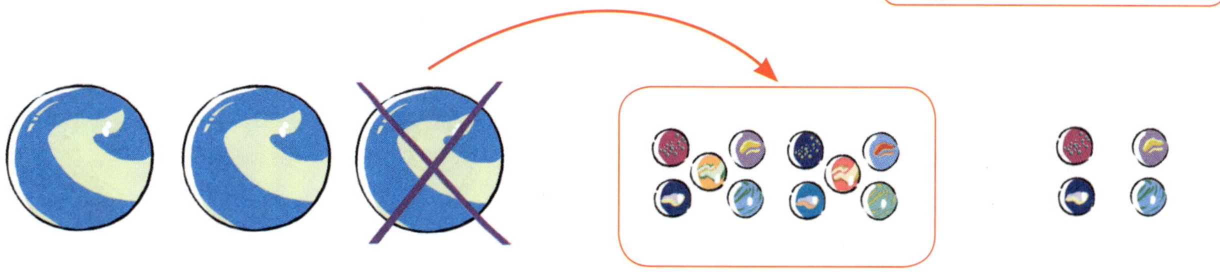

Barre les 8 billes données à Samia.
Complète la phrase.

Il reste .... calots et .... billes seules à Noé.

2 Lola a 46 € dans sa tirelire : 4 billets de 10 € et 6 pièces de 1 €. Elle veut en retirer 17 €. Que lui reste-t-il dans sa tirelire ?
Dessine l'échange d'un billet contre 10 pièces. **Barre** ce qu'elle retire.

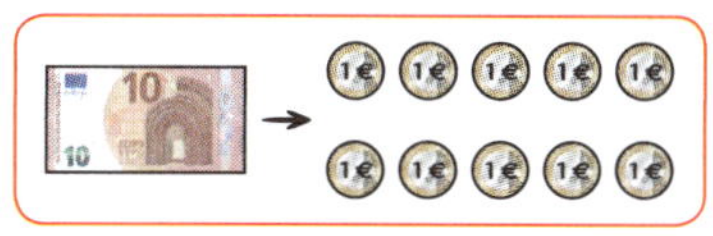

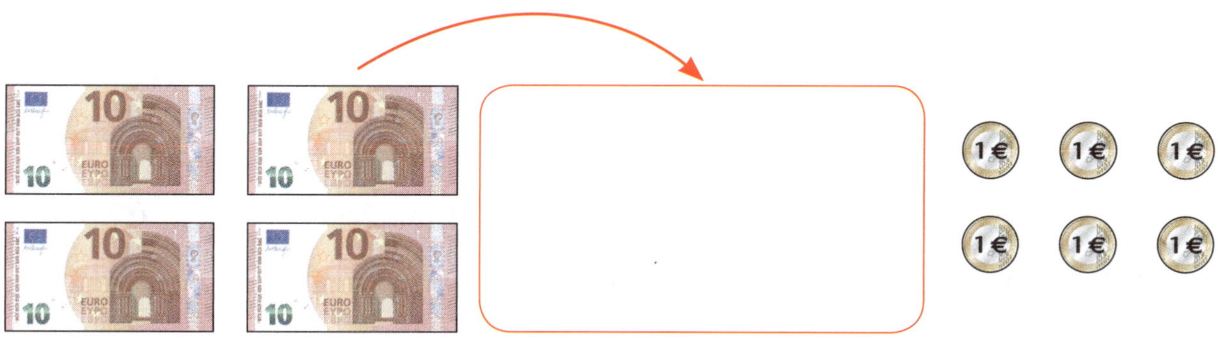

Complète la phrase.

Il lui reste .... billets de 10 € et .... pièces de 1 €.

3 Lola a 5 dizaines et 3 unités. Elle veut retirer 3 dizaines et 8 unités.
Dessine l'échange.
Barre ce qu'elle doit retirer.

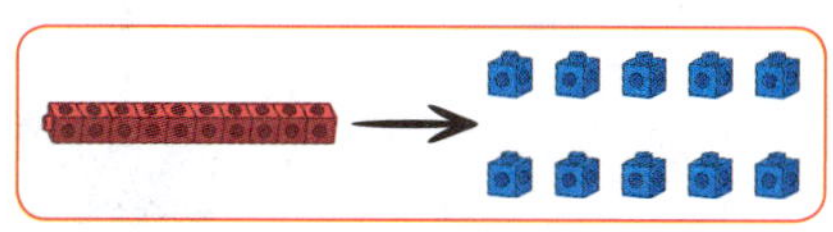

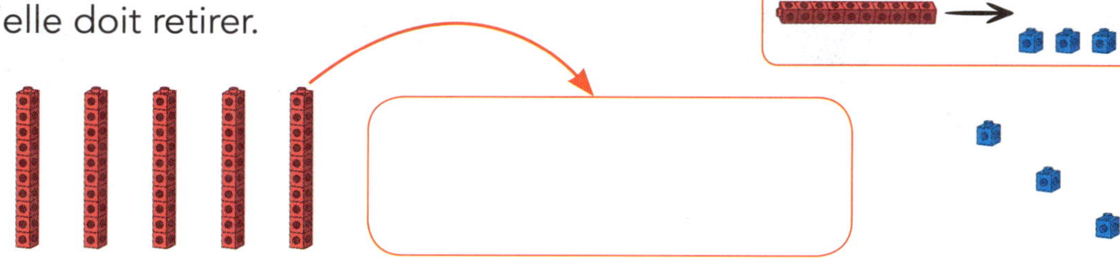

Complète la phrase.

Il lui reste .... dizaines et .... unités.

59 Les mots pour comparer

Compétences : Connaître et utiliser les mots permettant de comparer les différents types de grandeurs.
Calcul mental : Réciter la suite de 15 nombres qui précèdent un nombre donné avec passage de l'étape « soixante-dix ».

1 **Complète** chaque phrase avec le mot qui convient : *plus – autant – moins.*

Lola et Noé ont .... de billes.

Lola a .... de billes que Noé.

Noé a .... de billes que Lola.

2 **Complète** chaque phrase avec le groupe de mots qui convient :
plus longue que – plus courte que – aussi longue que.

- La bande B est ....
  .... la bande A.
- La bande C est ....
  .... la bande D.
- La bande F est ....
  .... la bande E.

3 **Complète** chaque phrase avec le groupe de mots qui convient :
plus cher (chère) – moins cher (chère) – aussi cher (chère).

- La voiture est .... que le camion.
- Le camion est .... que la voiture et l'hélicoptère réunis.
- L'hélicoptère est .... que la voiture.

60 Révisions (4)

Calcul mental

....	....	....	....	....	....

1 **Écris** ces nombres en chiffres.

cent soixante-treize : ....

cent soixante-quatre : ....

cent quatre-vingt-douze : ....

cent quatre-vingts : ....

2 **Écris** ces nombres en lettres.

197 : ....

178 : ....

163 : ....

182 : ....

3 **Complète** ces figures.

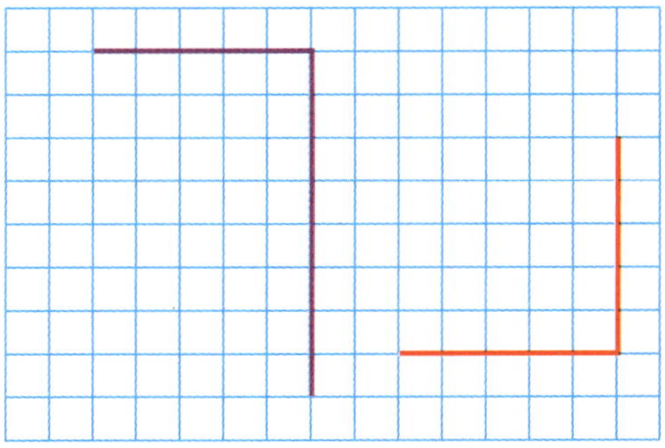

4 **Pose** et **calcule** cette addition.

126 + 58 =

5 **Marque** d'un carré rouge les angles droits dans chacune de ces figures.

6 Lola a 5 dizaines et 3 unités. Elle veut retirer 2 dizaines et 7 unités.
Dessine l'échange. **Barre** ce qu'elle doit retirer.

Complète la phrase.

Il reste .... dizaines et .... unités.

61 Comparaison des nombres jusqu'à 199 (1)

Compétence : Comparer les nombres ≤ 199 avec les signes < et >.
Calcul mental : Retirer des dizaines entières d'un nombre à 3 chiffres ≤ 199.
Photofiches : Parcours **A** p. 68 – Parcours **B** p. 69

1 Lola et Noé ont des bonbons. Qui en possède le plus et pourquoi ?
Complète ce tableau et **coche** la bonne phrase réponse.

	100	10	
Noé	.	.	.
Lola	.	.	.

☐ Noé possède plus de bonbons que Lola parce qu'il a plus de paquets de 10 et plus de bonbons seuls.

☐ Lola possède plus de bonbons que Noé car elle a une boîte de 100.

2 **Complète** ce tableau.

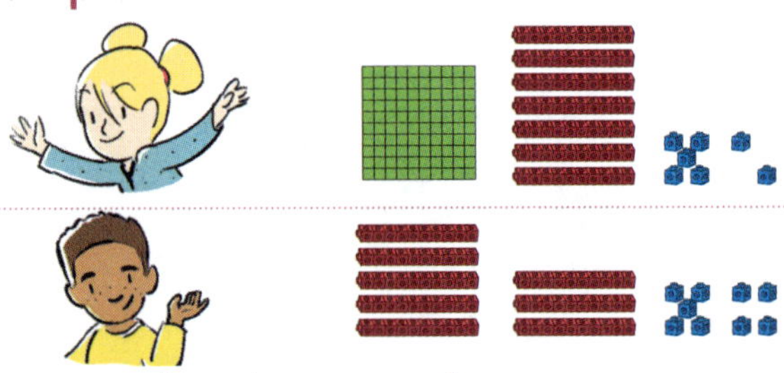

	c	d	u
Lola	.	.	.
Noé	.	.	.

Compare les deux nombres avec **<** ou **>**.

nombre de Lola .... nombre de Noé

Complète la phrase avec *plus petit* ou *plus grand*.

Un nombre à 3 chiffres est .... qu'un nombre à 2 chiffres.

3 **Compare** avec le signe **<** ou **>**.

99 174
122 78
186 97
79 171

170 .... 90 + 5
100 + 80 + 2 99
70 + 9 .... 100 + 70 + 1
90 + 7 .... 100 + 90

Aide Litchi à compter de 10 en 10 en avançant.

+10 +10

25	35	45	....	....	....	....	....	....	115	....	....	....	155	....

62 Comparaison des nombres jusqu'à 199 (2)

Compétences : Comparer et encadrer des nombres ≤ 199.
Calcul mental : Trouver le complément à la dizaine supérieure d'un nombre à 3 chiffres ≤ 199.
Photofiches : Parcours **A** p. 68 – Parcours **B** p. 69

1 **Écris** le total de points de chaque joueur à cette partie de fléchettes.
Complète et **compare** les scores pour savoir qui gagne.

Lola

Noé

	100	10	1
Lola	.	.	.
Noé	.	.	.

...... > ...... C'est .... qui gagne.

Complète.

Les deux nombres ont tous les deux 1 centaine.

Le plus grand nombre est celui qui a le plus de ....

2 **Complète** ce tableau et la comparaison.

1er nombre

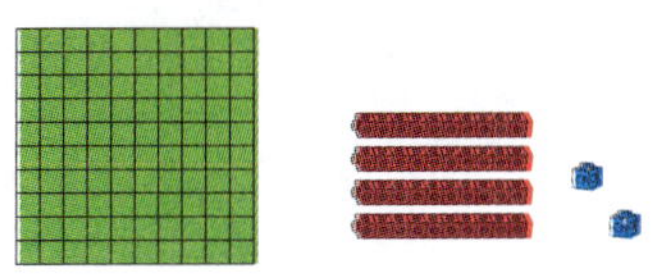
2nd nombre

	c	d	u
1er nombre	.	.	.
2nd nombre	.	.	.

...... > ......

C'est .... qui est le plus grand des deux nombres.

Complète.

Les deux nombres ont chacun 1 centaine et autant de dizaines.

Le plus grand nombre est celui qui a le plus d'...

3 **Écris** le nombre qui est **juste avant**.

...... < 160 | ...... < 180 | ...... < 170

4 **Écris** le nombre qui est **juste après**.

149 < ...... | 159 < ...... | 189 < ......

Aide Litchi à compléter cette bande numérique.

−10 −10

.....	.....	.....	.....	.....	.....	.....	.....	.....	.....	.....	.....	170	180	190

Compétence : Utiliser l'équerre pour identifier les angles droits sur des figures planes.
Calcul mental : Compter de 20 en 20 à partir d'un nombre ≤ 179 dans l'ordre croissant, de 30 en 30, de 40 en 40, avec passage à la centaine.
Photofiches : Parcours **A** p. 70 – Parcours **B** p. 71

63 L'angle droit (2)

1 Noé a imaginé une maison et son garage avec des figures planes. **Marque** les angles droits d'un carré rouge. **Utilise** l'équerre.

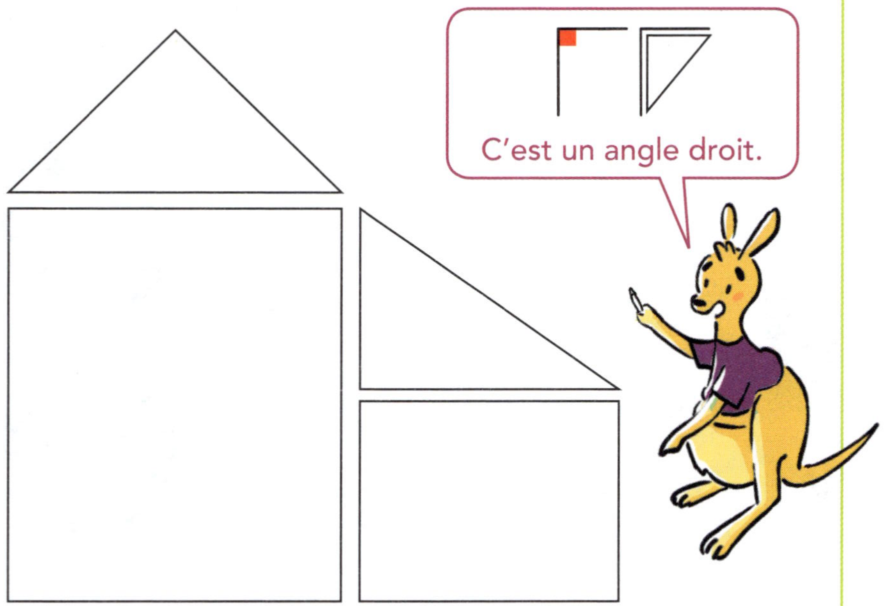

2 **Colorie** en bleu les figures qui ont 2 angles droits, en vert celles qui ont 4 angles droits.

3 **Marque** les angles droits d'un carré rouge et **indique** le nombre de côtés et le nombre d'angles droits de chaque figure. **Utilise** l'équerre.

.... côtés
.... angles droits

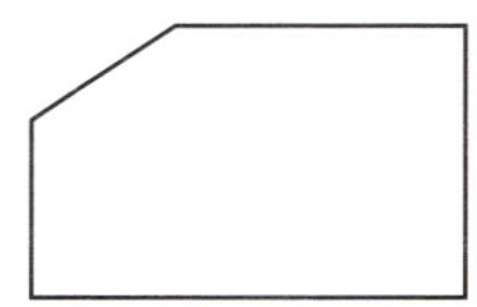

.... côtés
.... angles droits

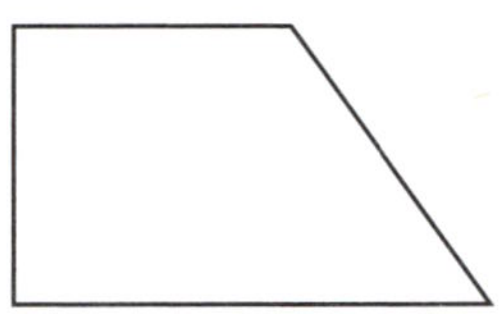

.... côtés
.... angles droits

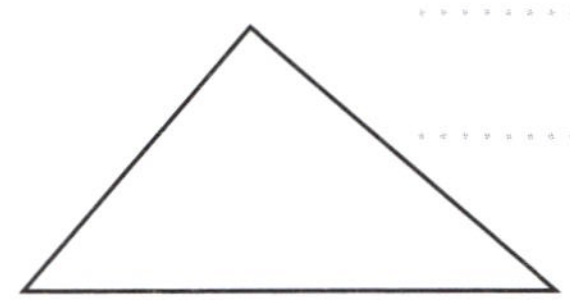

.... côtés
.... angle droit

.... côtés
.... angles droits

64 L'angle droit (3)

Compétence : Utiliser l'équerre pour tracer des angles droits.
Calcul mental : Trouver la moitié des nombres courants pairs.
Photofiches : Parcours **A** p. 72 – Parcours **B** p. 73

1 Chaque fusée décolle vers une étoile en faisant un angle droit avec le sol. **Trace** chaque trajectoire avec ton équerre.

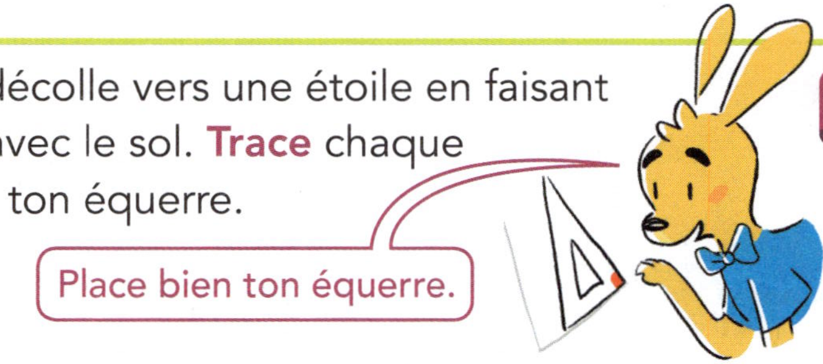

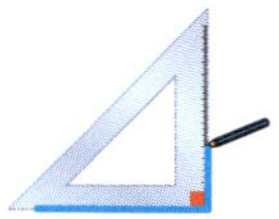

2 **Utilise** l'équerre pour compléter chaque figure plane par un angle droit, à l'emplacement du carré rouge.

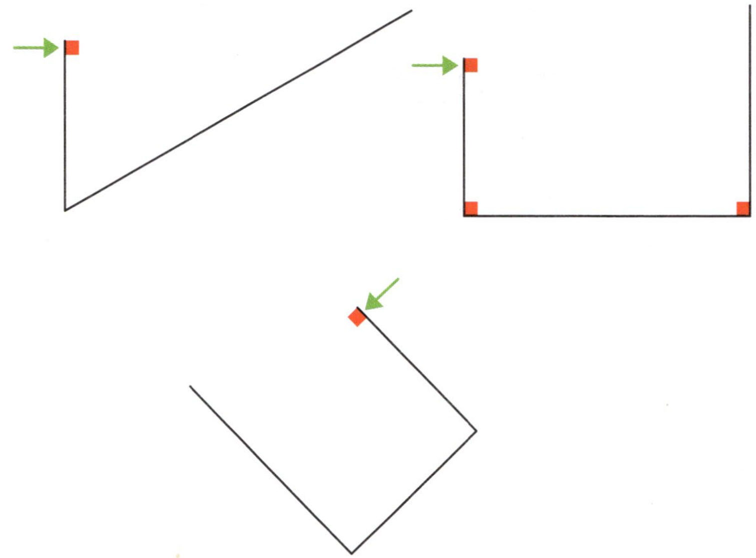

3 **Complète** le carré et le rectangle en traçant les angles droits à l'emplacement des carrés rouges.

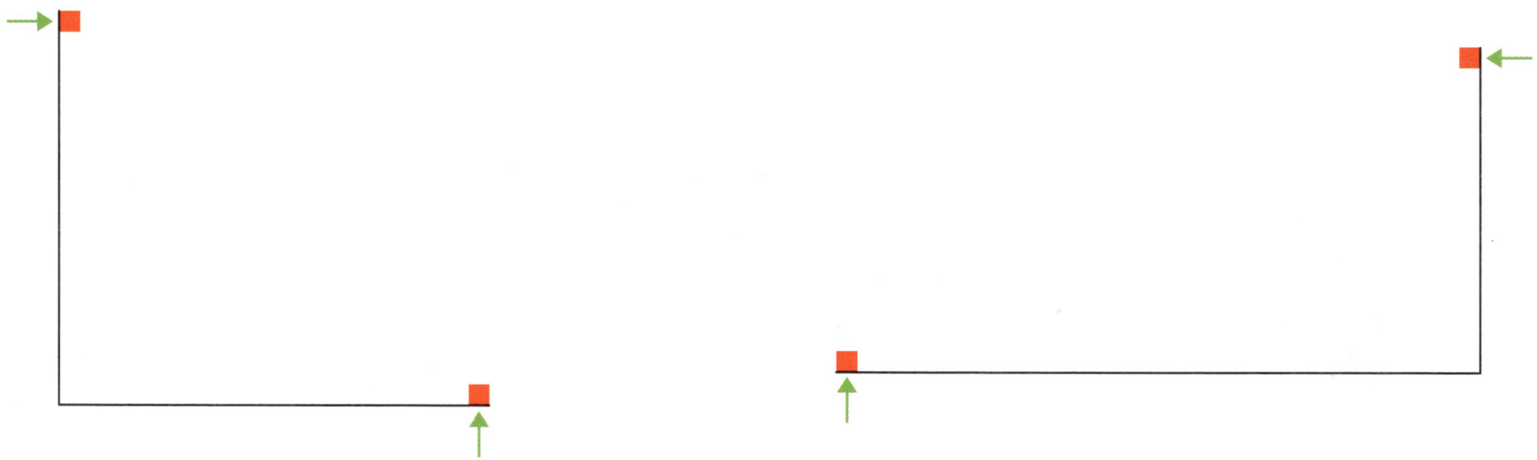

65 La monnaie : les centimes

Compétences : Connaître et utiliser la monnaie : les centimes.
Calcul mental : Trouver le nombre le plus petit dans une liste orale de 3 nombres ≤ 199.
Photofiche : Parcours **A** et **B**, p. 74

1 Un supermarché propose des promotions à moins de 1 €.
Relie chaque produit aux pièces nécessaires pour les acheter.

salade :
99 centimes

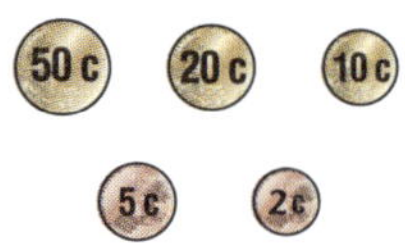

jus de pomme :
55 centimes

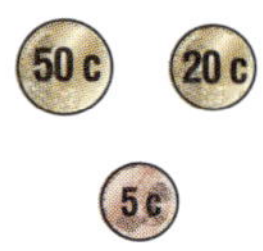

boîte de sardines :
87 centimes

paquet de pâtes :
75 centimes

2 **Entoure** les pièces nécessaires pour acheter les objets.

une équerre :
95 centimes

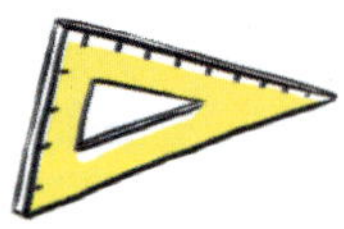

un stylo :
86 centimes

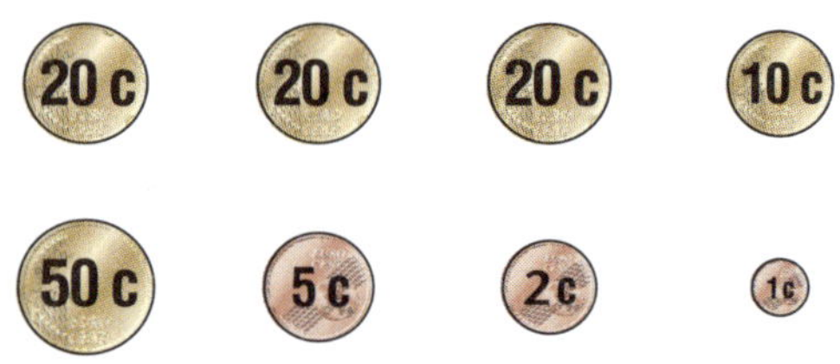

3 **Dessine** la somme d'argent nécessaire avec le moins de pièces possible.

3 pommes :
85 centimes

2 pamplemousses :
93 centimes

66 La monnaie : les euros et les centimes

....	....	....	....	....

Compétence : Découvrir la relation entre les unités de monnaie : euros et centimes.
Calcul mental : Calculer une addition d'un nombre à 3 chiffres et d'un nombre à un chiffre avec retenue.
Photofiche : Parcours **A** et **B**, p. 74

1 Lola échange des centimes contre 1 euro.
Écris la valeur de 1 euro en centimes.

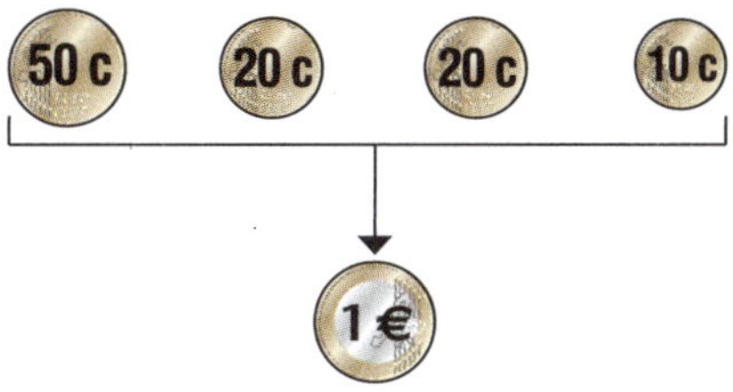

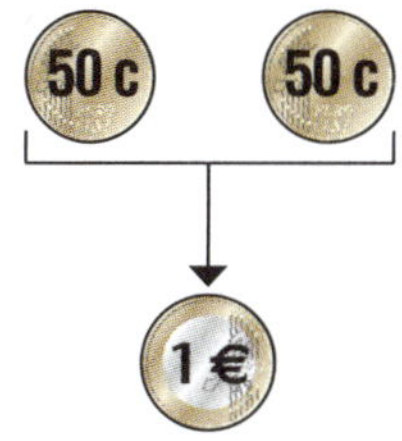

1 euro = ... centimes

2 Noé a beaucoup de centimes. Dès qu'il a 100 centimes, il les échange contre 1 euro.
Dessine l'échange.

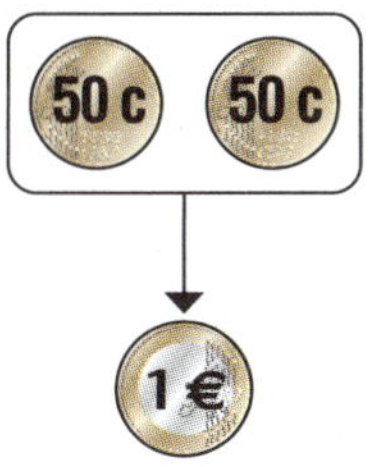

3 **Écris** le prix de ces jeux en centimes, puis en euros et en centimes.

.... centimes

= .... euros et .... centimes

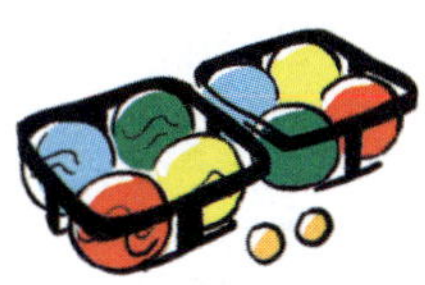

.... centimes

= .... euros et .... centimes

4 Samia a 80 centimes. Elle trouve une pièce de 20 centimes par terre.
Peut-elle acheter un paquet d'images à 1 € ? **Justifie** ta réponse.

67 Calcul en ligne : addition de 2 nombres à 2 chiffres sans retenue

Compétences : Calculer des additions de 2 nombres à deux chiffres en ligne. Comparer et s'approprier des stratégies de calcul.
Calcul mental : S'entraîner sur la table de multiplication par 2 présentée sous la forme : 4 × ... = 8.
Photofiches : Parcours **A** p. 75 – Parcours **B** p. 76

....

1 Lola et Noé ont chacun 32 images. Ils reçoivent chacun une pochette de 10 images et 5 images seules. Ils calculent leur total de deux manières différentes.
Complète leurs calculs.

Lola ajoute d'abord les 5 images seules, puis la pochette de 10 images.

1re étape : 32 + 5 = ...

2nde étape : ...... + 10 = ...

Noé ajoute d'abord la pochette de 10 images, puis les 5 images seules.

1re étape : 32 + 10 = ...

2nde étape : ...... + 5 = ...

2 **Calcule** chaque addition de deux manières.

42 + 24

En commençant par les unités.
1re étape : 42 + ... = ...
2nde étape : ...... + ... = ...

En commençant par les dizaines.
1re étape : 42 + ... = ...
2nde étape : ...... + ... = ...

51 + 27

En commençant par les unités.
1re étape : 51 + ... = ...
2nde étape : ...... + ... = ...

En commençant par les dizaines.
1re étape : 51 + ... = ...
2nde étape : ...... + ... = ...

3 **Calcule** ces additions avec la méthode de ton choix.

34 + 25

34 + ... = ...
...... + ... = ...

43 + 32

43 + ... = ...
...... + ... = ...

68 La soustraction posée avec retenue (2)

Compétence : Découvrir le sens et une technique opératoire de la soustraction avec retenue.
Calcul mental : S'entraîner sur la table de multiplication par 2.
Photofiche : Parcours **A** et **B**, p. 77

....

1 **Calcule** la soustraction **64 – 17**.

	d	u
	1 dizaine →	10 unités
	5 ~~6~~	14
–	1	7
	....	....

Réalise l'échange et **calcule** la soustraction.

	d	u
	1 dizaine →	10 unités
	7	3
–	2	9
	....	....

2 **Réalise** l'échange et **calcule** ces soustractions.

	d	u
	1 d →	10 u
	6	4
–	4	7
	.	.

	d	u
	7	2
–	2	8
	.	.

3 **Calcule** ces soustractions.

	4	2
–	1	7
.	.	.

	5	4
–	3	6
.	.	.

	8	1
–	3	4
.	.	.

Aide Litchi à compléter la bande numérique.

+20	+ 5	+20	+ 6	+20	+ 7	
16	.....	.....	.....	.....	.....	.....

69 Déplacements dans l'espace (1)

Compétences : Réaliser des déplacements dans l'espace. Les décoder et les coder.
Calcul mental : Soustraire un nombre à 1 chiffre d'un nombre à 3 chiffres sans retenue.
Photofiche : Parcours **A** et **B**, p. 78

1 Jojo l'escargot a vu une salade plus belle que les autres. Il avance sur les lignes du quadrillage d'un nœud à l'autre.
Suis le code pour tracer son parcours et **entoure** la salade qu'il va manger.

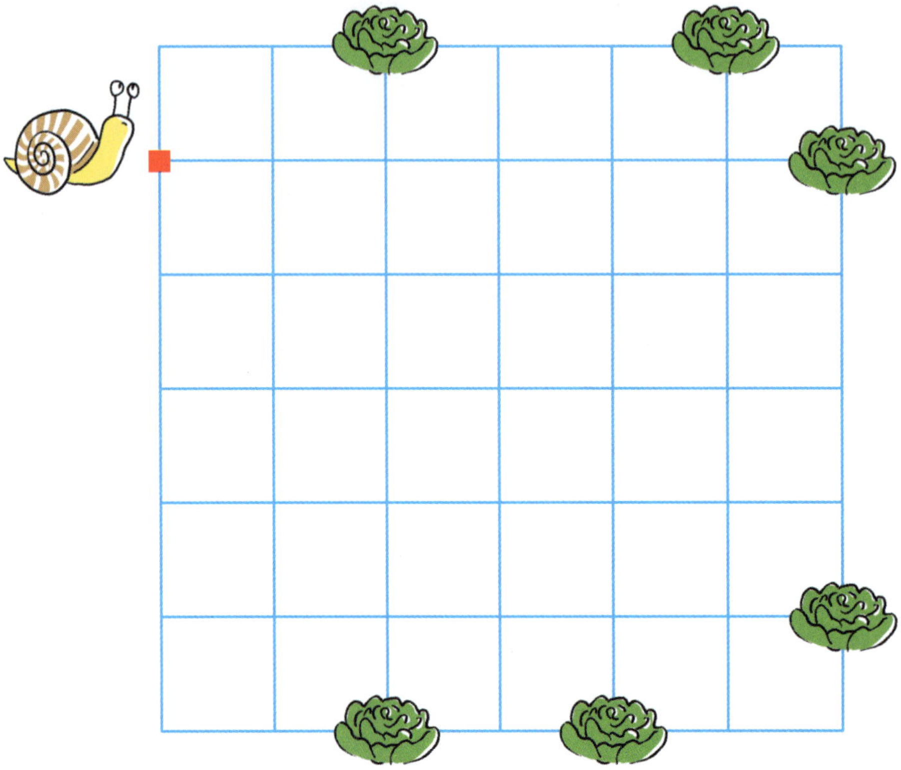

Direction	Distance en carreaux
→	2
↓	2
←	1
↓	2
→	3
↑	2
→	1
↓	2
→	1

2 La souris veut aller manger le morceau de fromage par le chemin le plus court.

Écris le programme du déplacement de la souris.

Direction	Distance
....	....
....	....
....	....
....	....
....	....
....	....
....	....

70 Déplacements dans l'espace (2)

Compétences : Réaliser des déplacements dans l'espace familier. Les décoder et les coder.
Calcul mental : Trouver un nombre ≤ 199 donné sous la forme « c ... d ... u ... ».
Photofiche : Parcours **A** et **B**, p. 79

1 Les rues du village de Noé forment un quadrillage.
Trace le chemin qu'il parcourt et **entoure** le bâtiment où il arrive.

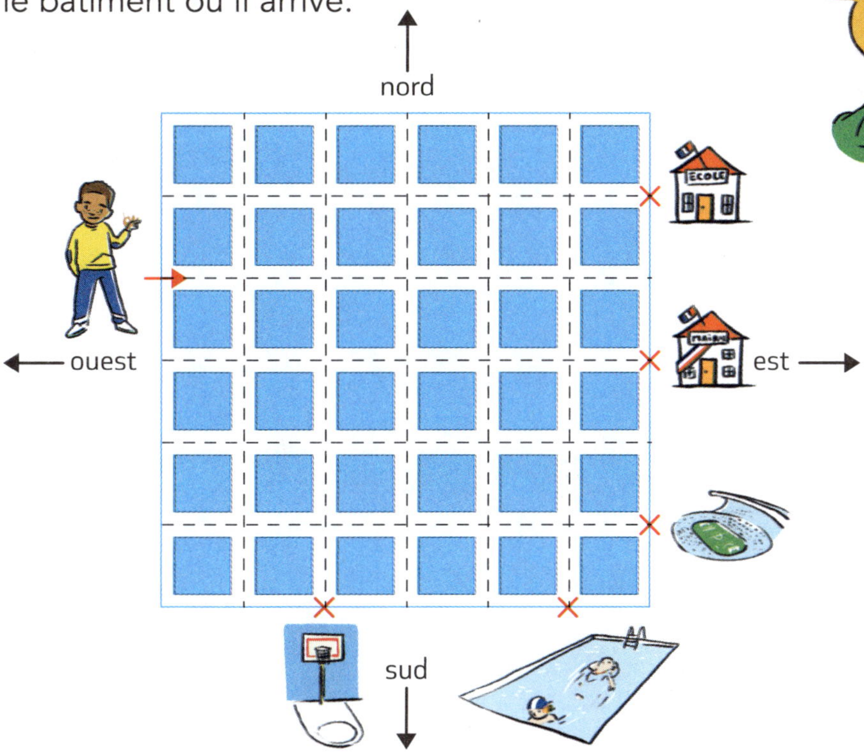

Direction	Distance
est	2
sud	1
est	1
nord	2
est	1
sud	3
ouest	2
sud	2

2 La maman de Lola veut se rendre à la mairie en voiture.
Mais il y a de nombreuses rues barrées.
Écris les indications qu'il faut lui donner pour éviter tous les travaux.

Direction	Distance
....	....
....	....
....	....
....	....
....	....
....	....
....	....
....	....

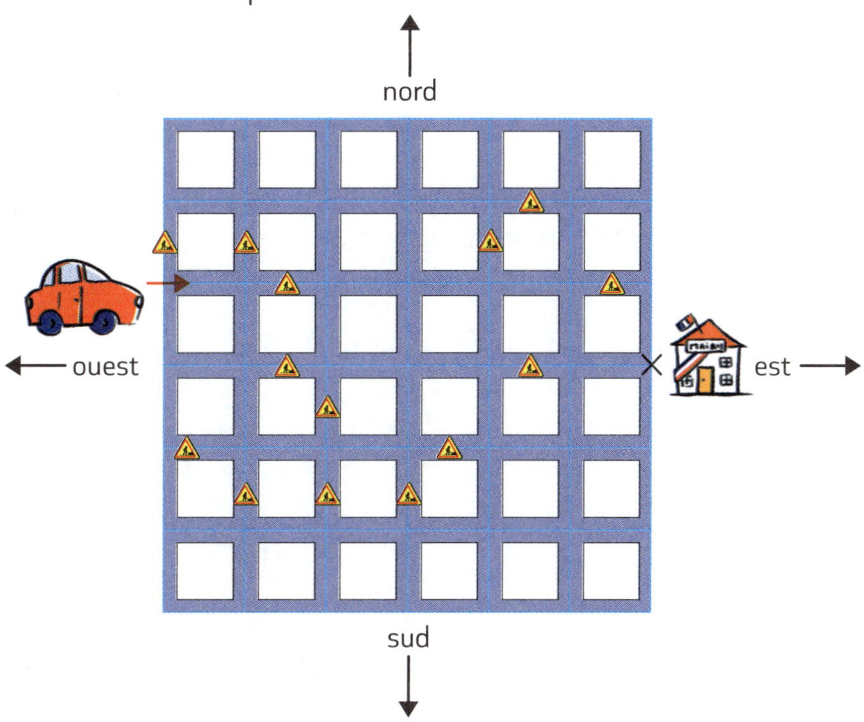

71 Problèmes du champ additif (3)

Compétence : Résoudre des problèmes du champ additif du type : « a + ? = c et ? + b = c ».
Calcul mental : Multiplier des dizaines entières par 2.
Photofiche : Parcours **A** et **B**, p. 80

1 Lola ajoute 15 € dans sa tirelire. Elle a maintenant un total de 60 €.
Quelle somme avait-elle au départ, avant d'ajouter de l'argent ?
Complète le schéma avec les mots : *total – ajout – somme de départ.*
Complète avec les nombres de l'énoncé.

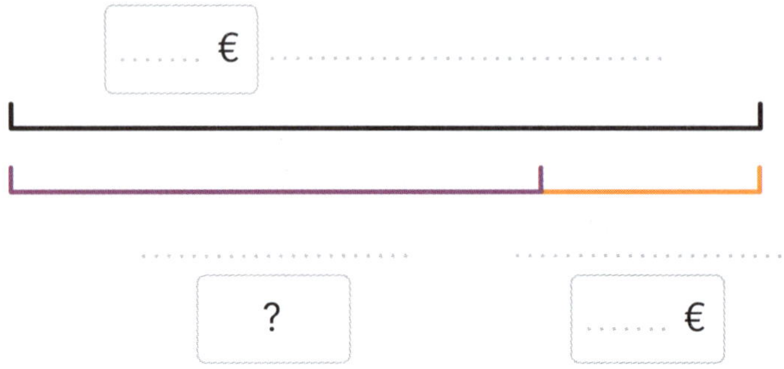

Fais tes essais.

Écris l'opération en ligne.

Écris la phrase réponse.

2 Lola a donné 18 images à sa petite sœur. Il lui en reste maintenant 45.
Combien Lola avait-elle d'images au départ ?
Complète le schéma avec les mots : *images au départ – images données – images restantes.*

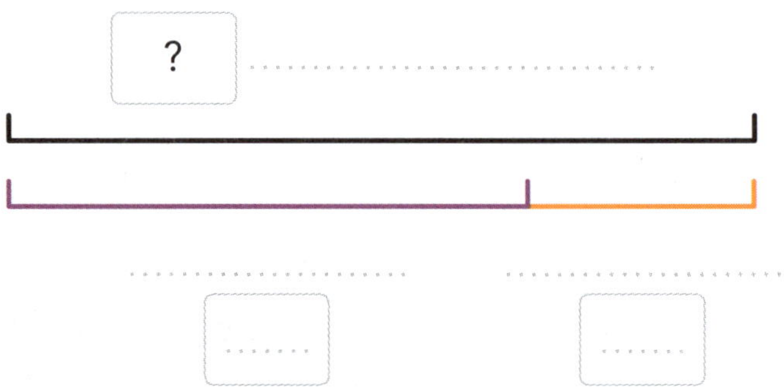

Fais tes essais.

Écris l'opération en ligne.

Écris la phrase réponse.

72 Problème du champ additif à 2 étapes (2)

Compétences : Résoudre des problèmes du champ additif à 2 étapes. Modéliser ces problèmes à l'aide de schémas et d'écritures mathématiques.
Calcul mental : Trouver un nombre ≤ 199 donné sous la forme « ... c ... d ... u », ... c ... d ... u étant dans le désordre.
Photofiches : Parcours **A** p. 81 – Parcours **B** p. 82

Noé voudrait s'acheter une voiture téléguidée à 47 €
et un drone-hélicoptère à 34 €.
Il a 65 € dans sa tirelire.
Combien doit-il avoir en plus dans sa tirelire pour acheter ces deux jouets ?

1re étape :
Quel est le coût total des deux jouets ?
Complète ce schéma.

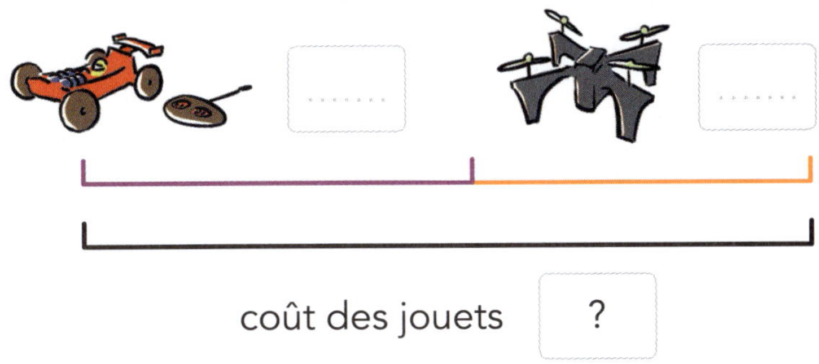

Fais tes essais.

Écris l'opération en ligne.

Écris la phrase réponse.

2nde étape :
Combien Noé doit-il avoir en plus pour acheter les deux jouets ?
Complète ce schéma avec :
ce qu'il lui faut en plus – ce qu'il a – le coût total des deux jouets.

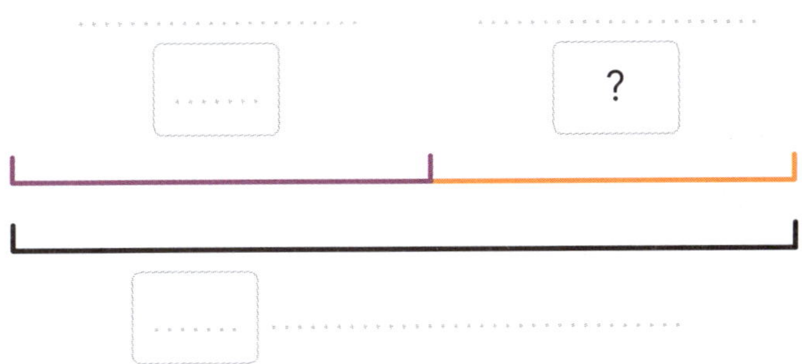

Fais tes essais.

Écris l'opération en ligne.

Écris la phrase réponse.

73 Le sens de la multiplication : multiplier par 3

Compétence : Mémoriser des faits numériques multiplicatifs : la table de multiplication par 3.
Calcul mental : Trouver le nombre qui suit un nombre à 2 ou 3 chiffres se terminant par 9 (passage à la dizaine supérieure).
Photofiche : Parcours **A** et **B**, p. 83

1 Noé achète 3 lots de 4 paquets de chips. **Complète.**

4 paquets de chips trois fois

4 multiplié par 3

4 × 3 = ...

2 Lola a 3 pochettes de 8 feutres. **Complète.**

8 feutres trois fois

.... multiplié par ....

8 × .... = ...

3 **Calcule** chaque addition et **complète** la multiplication correspondante.

2 + 2 + 2 = ...
2 × 3 = ...

10 + 10 + 10 = ...
10 × 3 = ...

9 + 9 + 9 = ...
9 × 3 = ...

4 **Complète** pour avoir **5 trois fois.**

5 + ... + ... = ...

.... × .... = ...

5 **Complète** pour avoir **7 trois fois.**

7 + ... + ... = ...

.... × .... = ...

6 **Complète** la table de multiplication par 3.

1 multiplié par 3 1 × 3 = ...
2 multiplié par 3 2 × 3 = ...
3 multiplié par 3 3 × 3 = ...
4 multiplié par 3 4 × 3 = ...
5 multiplié par 3 5 × 3 = ...

6 multiplié par 3 6 × 3 = ...
7 multiplié par 3 7 × 3 = ...
8 multiplié par 3 8 × 3 = ...
9 multiplié par 3 9 × 3 = ...
10 multiplié par 3 10 × 3 = ...

74 Le sens de la multiplication : multiplier par 4

Compétence : Mémoriser des faits numériques multiplicatifs : la table de multiplication par 4.
Calcul mental : Trouver un nombre ≤ 199 donné sous la forme « … c … d … u » dans le désordre, l'un des chiffres étant 0.
Photofiche : Parcours **A** et **B**, p. 83

1 Pour faire un pique-nique, on a préparé :

4 boîtes de 6 œufs durs
6 œufs multipliés par 4

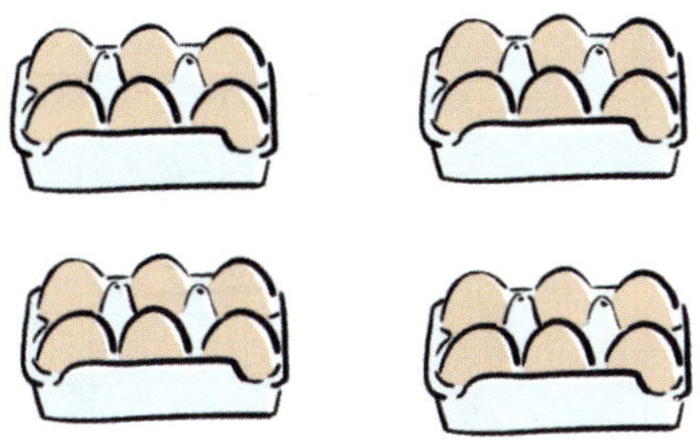

6 + 6 + 6 + 6 = ...

6 œufs × 4 = ...

On a préparé .... œufs.

4 boîtes de 5 parts de fromage
5 parts de fromage multipliées par 4

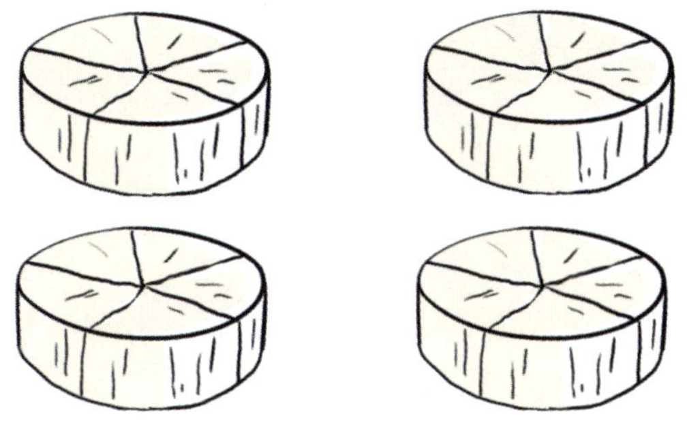

5 + ... + ... + ... = ...

5 × .... = ...

On a préparé .... parts de fromage.

2 **Calcule** ces multiplications par 4.

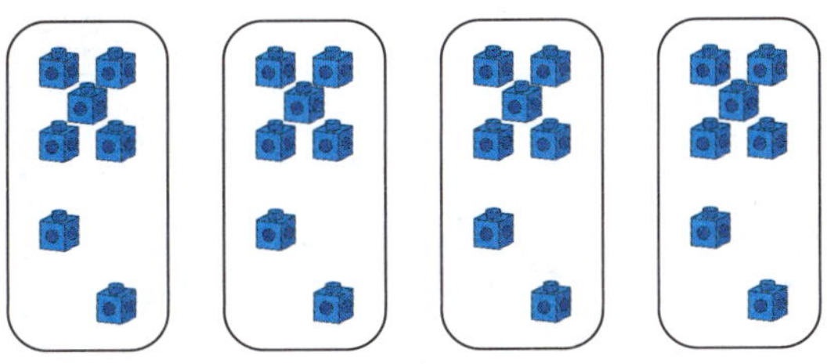

7 × 4 = ...

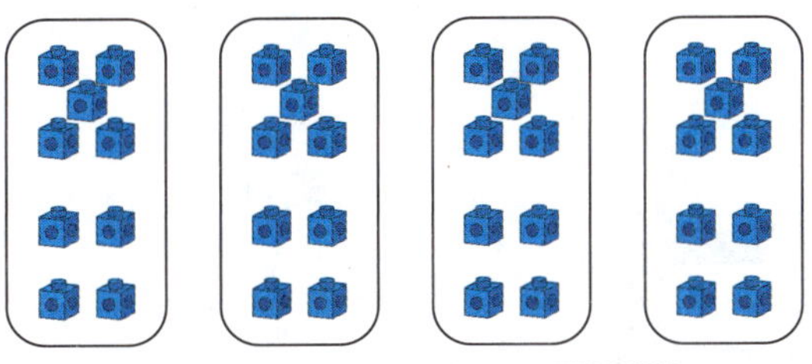

.... × .... = ...

3 **Complète** la table de multiplication par 4.

1 multiplié par 4	1 × 4 =	....
2 multiplié par 4	2 × 4 =	....
3 multiplié par 4	3 × 4 =	....
4 multiplié par 4	4 × 4 =	....
5 multiplié par 4	5 × 4 =	....
6 multiplié par 4	6 × 4 =	....
7 multiplié par 4	7 × 4 =	....
8 multiplié par 4	8 × 4 =	....
9 multiplié par 4	9 × 4 =	....
10 multiplié par 4	10 × 4 =	....

75 Problèmes pour apprendre à chercher (3)

Compétence : S'engager dans une démarche de résolution de problèmes en émettant des hypothèses, en les testant, en essayant plusieurs pistes, en exposant sa démarche de recherche.
Calcul mental : Réciter les 5 nombres qui précèdent un nombre à 3 chiffres se terminant par 1, 2 ou 3 avec passage de la dizaine inférieure.

1 Lola propose une énigme à Noé.
« Mon nombre a les mêmes chiffres que le résultat de l'addition de 89 + 68.
C'est un nombre plus petit que 180, mais plus grand que 160. »

Fais tes essais.

Le nombre est ....

2 Voici l'argent de Théo. Il veut faire 2 cadeaux, un pour Noé et un pour Lola, en utilisant toute la somme.

a. 130 €

b. 40 €

c. 80 €

d. 30 €

e. 80 €

Quelles sont les possibilités ?

Fais tes essais.

Les possibilités sont :

....

....

....

....

76 Révisions (5)

Calcul mental

....	....	....	....	....	....

1 **Compare** avec **<**, **>** ou **=**.

164 191

178 ...... 100 + 78

193 ...... 100 + 80 + 3

100 + 70 + 9 ...... 100 + 80

2 **Écris** le nombre qui précède et celui qui suit.

.... < 188 < .... < 175 < ....

.... < 169 < .... < 180 < ....

.... < 171 < .... < 190 < ....

3 **Écris** le prix de ces oranges en centimes, puis en euros et centimes.

.... centimes =

.... euros et .... centimes

4 **Calcule** ces additions.

63 + 24

1re étape : 63 + ... = ...

2nde étape : .... + ... = ...

52 + 46

1re étape : 52 + ... = ...

2nde étape : .... + ... = ...

5 **Complète** ce carré et ce rectangle en traçant les angles droits à partir des carrés rouges.

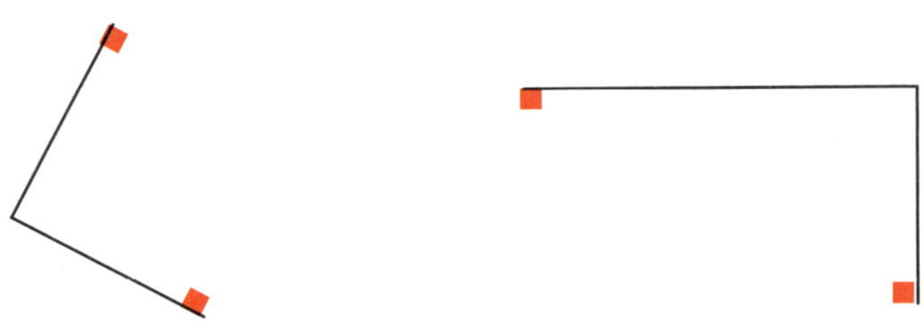

6 **Calcule** ces soustractions.

	8	5
–	5	7
	.	.

	6	2
–	4	9
	.	.

7 **Calcule** ces multiplications.

5 × 4 = ... 8 × 3 = ...

9 × 3 = ... 7 × 4 = ...

2 × 4 = ... 3 × 3 = ...

6 × 3 = ... 4 × 4 = ...

77 Les nombres jusqu'à 499 (1)

Compétences : Dénombrer des collections jusqu'à 499 en utilisant les unités de numération. Connaître et associer les désignations orale et écrite des nombres ≤ 499. Connaître la valeur des chiffres en fonction de leur position.
Calcul mental : S'entraîner sur la table de multiplication par 3.
Photofiches : Parcours **A** p. 84 – Parcours **B** p. 85

1 Pour la fête du centre de loisirs, les enfants participent à un lâcher de ballons. Combien de ballons ont été achetés ?
Écris le nombre en chiffres dans ce tableau de numération, puis en lettres.

c	d	u
.	.	.

....

2 Ces mots sont dans le désordre. **Complète** et **écris** le nombre en lettres.

cinq | cinquante | cent | trois

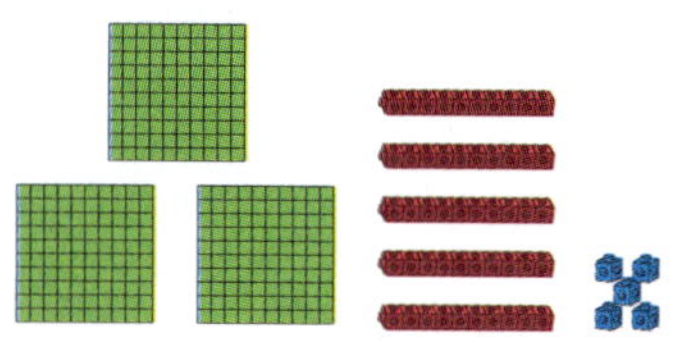

.... centaines .... dizaines .... unités

....

quarante | quatre | cent | neuf

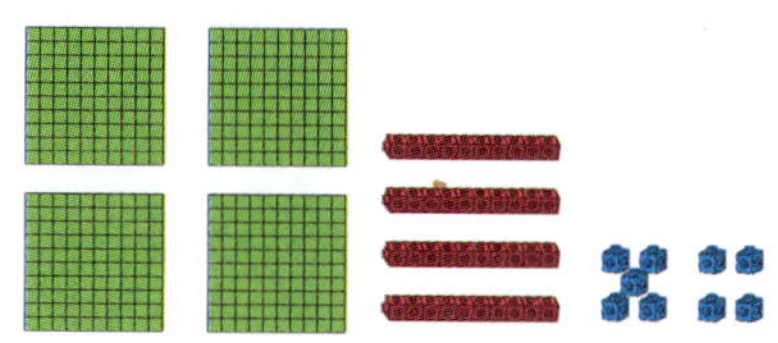

.... + 40 + ...

....

3 **Complète** ces décompositions de nombres.

342 = ... + 40 + ...

268 = ... + ... + ...

427 = 400 + ... + ...

356 = ... + ... + ...

4 **Colorie** en orange le nombre qui correspond à chaque écriture en lettres.

quatre cent vingt et un

124 241 421

trois cent quarante-deux

234 342 423

De combien de cases Litchi a-t-il avancé ? **Complète.**

59 | 60 | 61 | 62 | - - - - - - | 98 | 99 | 100 | 101 | 102

+ .....

78 Les nombres jusqu'à 499 (2)

Compétences : Dénombrer des collections jusqu'à 499 en utilisant les unités de numération « ... c ... d ... u » en insistant sur les nombres à 7 dizaines. Connaître et associer les diverses représentations de ces nombres.
Calcul mental : Additionner des centaines entières.
Photofiches : Parcours **A** p. 84 – Parcours **B** p. 85

1 Le papa de Lola a acheté un téléphone portable.
Complète et **écris** en chiffres et en lettres la somme d'argent qu'il a payée.

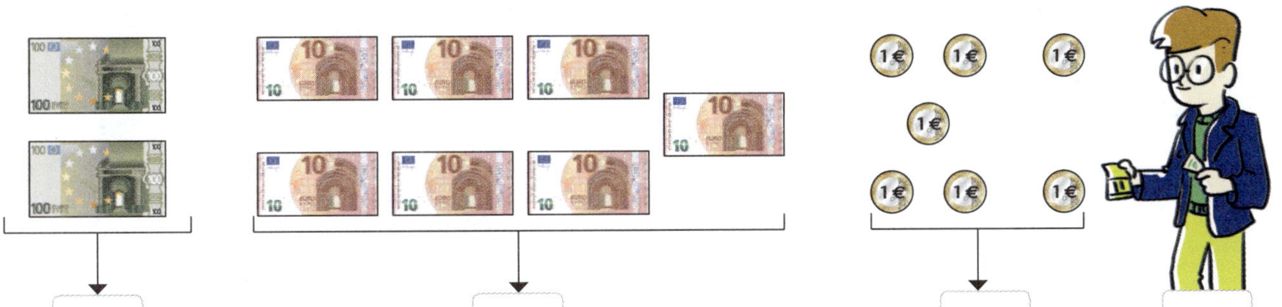

.... + ... + ... = ...

euros.

2 **Complète** le dessin de chaque nombre, puis **écris** en chiffres.

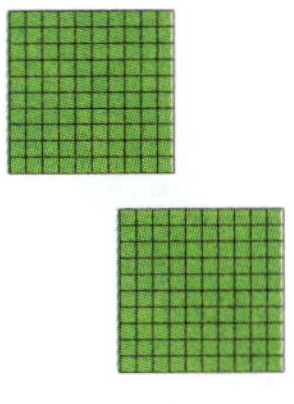

200 + 78 = ...

300 + 76 = ...

3 **Complète.**

374 = ... + 74

371 = 300 + ...

200 + 72 = ...

400 + 70 = ...

.... + ... = 478

.... + ... = 377

4 **Calcule.**

300 + 70 + 9 = ...

400 + 70 + 8 = ...

200 + 70 + 5 = ...

400 + 70 + 3 = ...

79 Calcul en ligne : addition de 2 nombres à 2 chiffres avec retenue

Compétences : Calculer des additions de 2 nombres à 2 chiffres en ligne. Comparer et s'approprier des stratégies de calcul.
Calcul mental : S'entraîner sur la table de multiplication par 4.
Photofiches : Parcours **A** p. 86 – Parcours **B** p. 87

1 Noé et Lola ont tous les deux 56 €. Ils reçoivent chacun 25 €.
Ils calculent leur total de deux manières différentes. **Complète** leurs calculs.

Noé ajoute d'abord les pièces de 1€, puis le billet de 20 €.

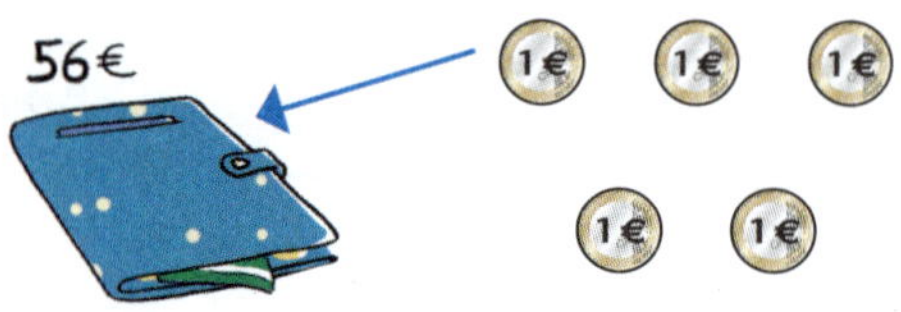

1re étape : 56 + 5 = ...

2nde étape : ...... + 20 = ...

Lola ajoute d'abord le billet de 20 €, puis les pièces de 1 €.

1re étape : 56 + 20 = ...

2nde étape : ...... + 5 = ...

Ils ont chacun un total de .... euros.

2 **Calcule** cette somme totale des deux manières.

48 € et

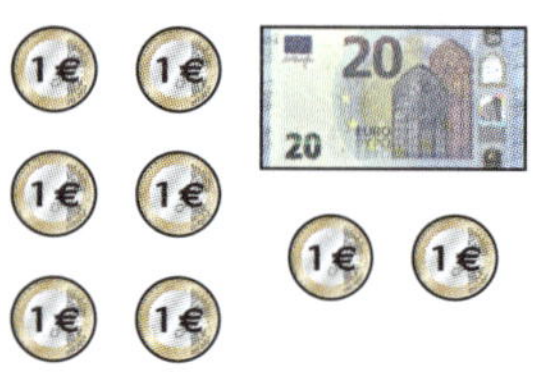

En commençant par **les pièces**.

1re étape : 48 + ... = ...

2nde étape : ...... + ... = ...

En commençant par **le billet**.

1re étape : 48 + ... = ...

2nde étape : ...... + ... = ...

3 **Calcule** l'addition en 2 étapes avec la méthode de ton choix.

59 + 27

1re étape : 59 + ... = ...

2nde étape : ...... + ... = ...

Donc : 59 + 27 = ...

4 **Calcule** ces additions avec la méthode de ton choix.

45 + 36

45 + ... = ...

...... + ... = ...

Donc : 45 + 36 = ...

56 + 39

56 + ... = ...

...... + ... = ...

Donc : 56 + 39 = ...

80 Le sens de la multiplication : multiplier par 5

Compétence : Mémoriser des faits numériques multiplicatifs : la table de multiplication par 5.
Calcul mental : Retirer 10 à un nombre à 3 chiffres ≤ 499.
Photofiche : Parcours **A** et **B**, p. 88

1 Pour le carnaval, les enfants fabriquent des masques.
Combien y a-t-il de masques de chaque sorte ?

3 masques multipliés par 5

$3 + 3 + 3 + 3 + 3 =$ ……

$3 \times 5 =$ ……

Il y a ……… masques d'animaux.

6 masques multipliés par 5

$6 +$ …… $+$ …… $+$ …… $+$ …… $=$ ……

$6 \times$ …… $=$ ……

Il y a ……… masques de super-héros.

2 **Calcule** ces multiplications par 5.

$4 \times$ …… $=$ ……

$8 \times$ …… $=$ ……

3 **Calcule.**

$7 + 7 + 7 + 7 + 7 =$ …… → $7 \times 5 =$ ……

$9 + 9 + 9 + 9 + 9 =$ …… → $9 \times 5 =$ ……

$10 + 10 + 10 + 10 + 10 =$ …… → $10 \times 5 =$ ……

4 **Complète** la table de multiplication par 5.

1 multiplié par 5	$1 \times 5 =$ ……	6 multiplié par 5	$6 \times 5 =$ ……
2 multiplié par 5	$2 \times 5 =$ ……	7 multiplié par 5	$7 \times 5 =$ ……
3 multiplié par 5	$3 \times 5 =$ ……	8 multiplié par 5	$8 \times 5 =$ ……
4 multiplié par 5	$4 \times 5 =$ ……	9 multiplié par 5	$9 \times 5 =$ ……
5 multiplié par 5	$5 \times 5 =$ ……	10 multiplié par 5	$10 \times 5 =$ ……

81 Le carré (1)

Compétence : Décrire un carré à partir de ses côtés et de ses angles droits.
Calcul mental : S'entraîner sur la table de multiplication par 3.
Photofiches : Parcours **A** p. 89 – Parcours **B** p. 90

1 Lola a tracé 2 carrés.
Elle compte leurs côtés, leurs sommets et leurs angles.
Complète.

Un carré
a .... côtés,
.... sommets
et .... angles.

2 **Compare** chaque angle de ces carrés avec l'angle droit de ton équerre. **Complète** la phrase.

Les .... angles d'un carré
sont des ....

3 Ces deux figures sont des carrés. **Mesure** leurs côtés en centimètres, puis **complète** la phrase.

côté = ... cm

c = ... cm

c = ... cm

c = ... cm

c = ... cm

c = ... cm

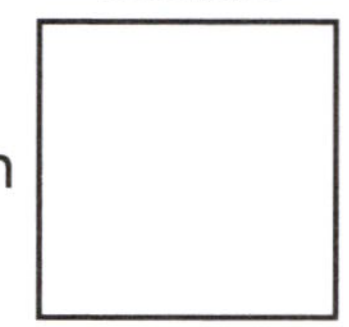

c = ... cm

c = ... cm

Les .... côtés d'un carré ....

82 Le carré (2)

Compétence : Construire un carré à partir de ses côtés et de ses angles droits sur papier quadrillé ou pointé.
Calcul mental : Ajouter 100 à un nombre à 3 chiffres ≤ 499.
Photofiches : Parcours **A** p. 89 – Parcours **B** p. 90

1 **Trace** un carré de 6 cm de côté en te servant du quadrillage.

2 **Complète** ce carré en te servant du papier pointé.

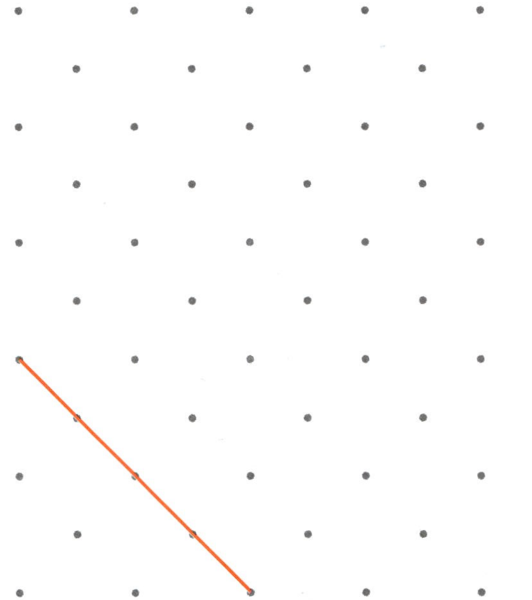

3 **Dessine** un carré de même mesure que ce carré rouge dans le quadrillage de droite.

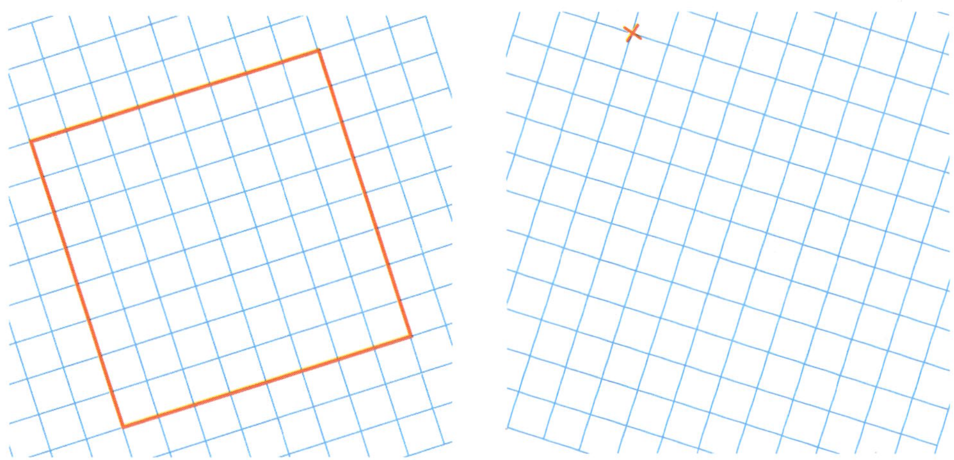

4 Une partie de ce quadrillage a été effacée. **Termine** la construction du carré avec ton équerre.

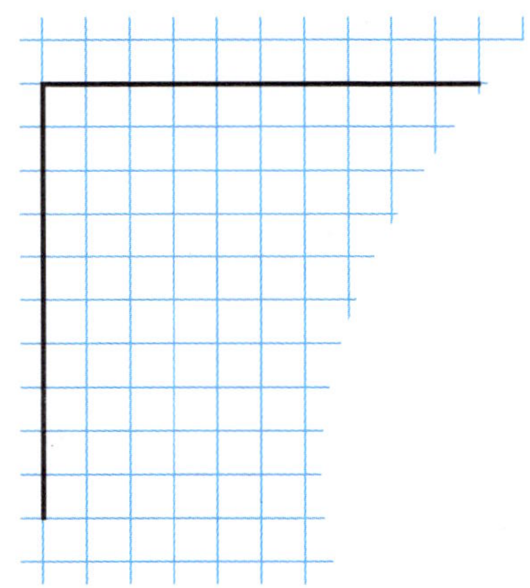

83 Les nombres jusqu'à 499 (3)

....

Compétences : Dénombrer des collections jusqu'à 499 en insistant sur les nombres à 8 dizaines. Connaître et associer les diverses représentations de ces nombres. Connaître la valeur des chiffres en fonction de leur position.
Calcul mental : S'entraîner sur la table de multiplication par 4.
Photofiches : Parcours **A** p. 91 – Parcours **B** p. 92

1 Pour la fête de l'école, les parents d'élèves ont commandé des jouets.
Calcule le nombre total de jouets et **complète**.

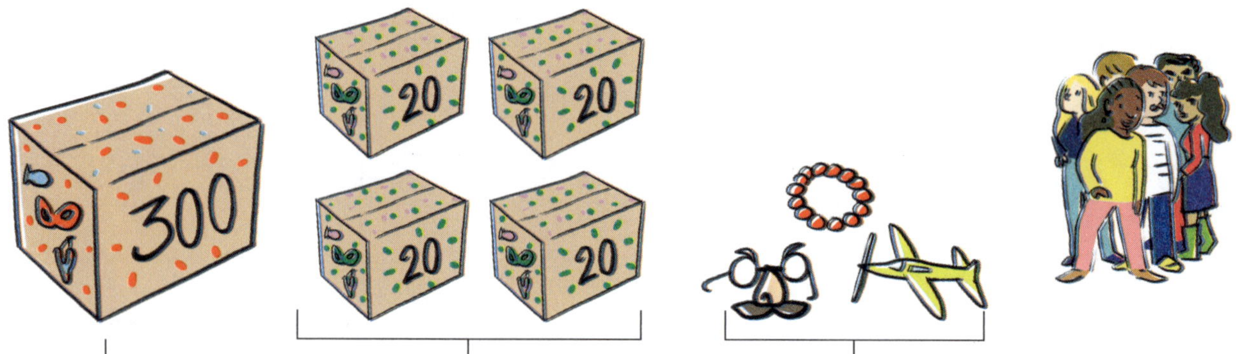

.... + ... + ... = ...

trois cent ........................-........................-........................

2 **Complète** ces dessins pour avoir le nombre demandé.

486
quatre cent quatre-vingt-six

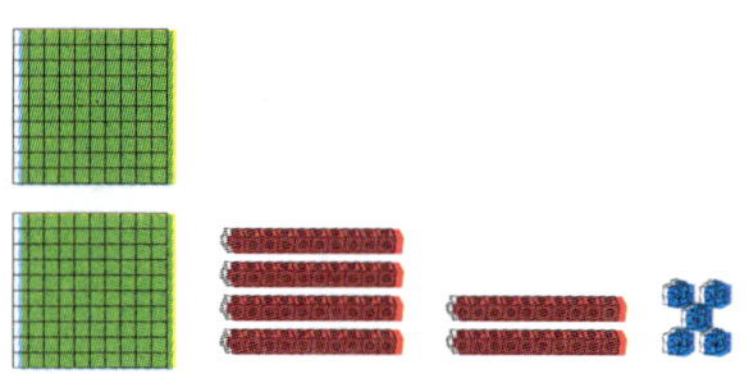

396
trois cent quatre-vingt-seize

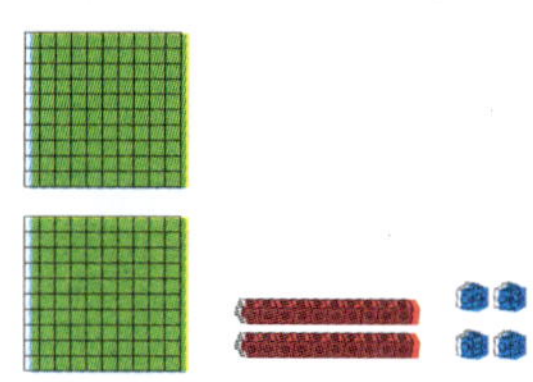

3 **Colorie** en orange le nombre qui correspond.

deux cent quatre-vingt-neuf

209 280 289 309

trois cent quatre-vingt-un

181 381 301 321

4 **Écris** ces nombres en chiffres ou en lettres.

.... trois cent quatre-vingt-trois
.... quatre cent quatre-vingt-neuf
.... deux cent quatre-vingts
.... deux cent quatre-vingt-six

185 : ....

387 : ....

84 Les nombres jusqu'à 499 (4)

Compétences : Dénombrer des collections jusqu'à 499 en insistant sur les nombres à 9 dizaines. Associer les désignations orale et écrite des nombres. Connaître la valeur des chiffres en fonction de leur position.
Calcul mental : Retirer 100 d'un nombre à 3 chiffres ≤ 499.
Photofiches : Parcours **A** p. 91 – Parcours **B** p. 92

1 Les parents de Lola font des travaux dans la maison.
Combien ont-ils payé ?

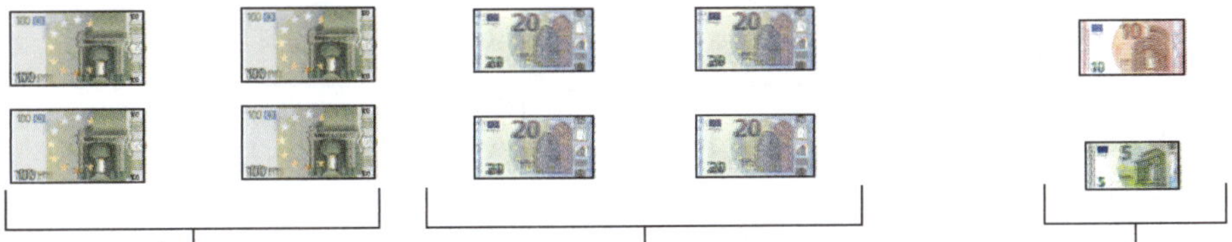

.... + ... + ... = ...

quatre cent .... - .... - ....

Les parents de Lola ont payé .... euros.

2 Noé a dessiné ces nombres dans le désordre.
Entoure chaque bon nombre en chiffres.

945 495 459 549

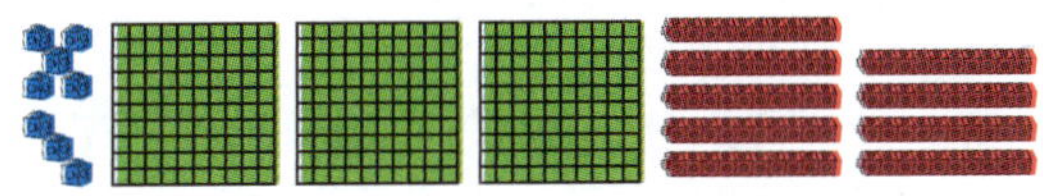

938 389 839 398

3 **Écris** ces nombres en lettres.

391 : ....

394 : ....

4 **Utilise** tous ces mots pour reconstituer un nombre. **Écris**-le en chiffres, puis en lettres.

treize quatre trois
vingt cent

....

....
....

vingt deux cent
douze quatre

....

....
....

Aide Litchi à compter de 100 en 100.

+100	+100	+100	+100	
29	.....	.....	.....	.....

85 Mesures de masse (1) – Le gramme

Compétences : Mesurer la masse d'un objet. Utiliser l'unité usuelle : le gramme.
Calcul mental : S'entraîner sur la table de multiplication par 5.
Photofiche : Parcours **A** et **B**, p. 93

1 Lola utilise ces masses marquées pour peser une pomme. Combien pèse la pomme ?

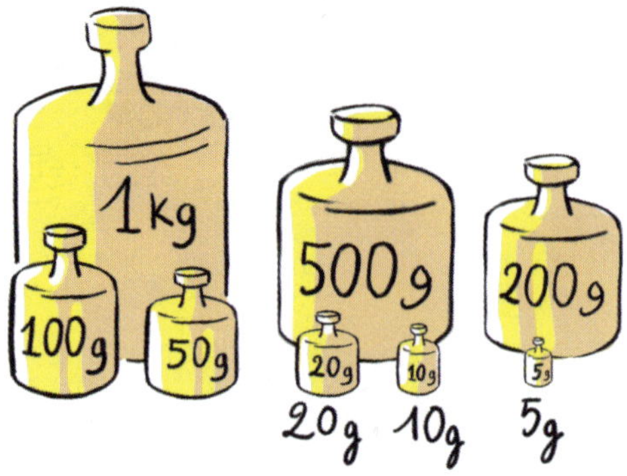

La pomme pèse .... grammes.

2 Noé a pesé ces aliments. **Observe** les pesées et **écris** la masse de chaque aliment.

.... g

.... g

.... g

3 Ce tableau indique les masses marquées utilisées pour peser les aliments.
Calcule la masse de chacun d'eux et **complète** le tableau comme dans l'exemple.

	100 g	50 g	20 g	10 g	5 g	Total
un bol de riz	✗	✗	✗			170 g
une tomate		✗	✗	✗		....
une banane			✗		✗	....
un pot de confiture	✗	✗	✗	✗	✗	....

Relie ces nombres à leur place sur la droite graduée.

trente-neuf | quarante-cinq | soixante-dix-sept | quatre-vingt-seize

86 Mesures de masse (2) – Le kilogramme

Compétences : Mesurer la masse d'un objet. Utiliser l'unité usuelle : le kilogramme.
Calcul mental : Donner un nombre présenté sous la forme « ... c ... d ... u », ≤ 499.
Photofiche : Parcours **A** et **B**, p. 93

1 Noé pèse les courses en kilogrammes. Quelle est la masse de chaque achat ?

.... kg

.... kg

Entoure l'achat le plus lourd.

Le filet d'oranges   Le pack de bouteilles d'eau

2 **Relie** chaque objet à sa masse. **Utilise** ta règle.

4 kg • 26 kg • 1 kg • 170 kg •

3 **Numérote** ces chiens de 1 à 5, du plus léger au plus lourd.

35 kg	27 kg	43 kg	48 kg	37 kg
....	....	....	....	....

87 Problèmes du champ additif sur la monnaie

Compétences : Résoudre des problèmes du champ additif portant sur la monnaie. Savoir choisir les informations utiles à la résolution.
Calcul mental : S'entraîner sur la table de multiplication par 5.
Photofiches : Parcours **A** p. 94 – Parcours **B** p. 95

1 Les parents de Lola lui ont acheté un vélo et un casque. Ils ont choisi un vélo bleu et un casque bleu.
Combien ont-ils dépensé ?

Complète ce schéma et **résous** le problème.

vélo : .... € | casque : .... €

dépense totale : ? €

Fais tes essais.

Écris l'opération en ligne.

Écris la phrase réponse.

2 Noé a des économies. Il s'achète le jeu vidéo le moins cher.
Combien lui reste-t-il ?

Complète ce schéma et **résous** le problème.

économies : .... €

jeu vidéo acheté : .... € | argent qui lui reste : ? €

Fais tes essais.

Écris l'opération en ligne.

Écris la phrase réponse.

88 Problèmes du champ multiplicatif sur la monnaie

Compétences : Résoudre des problèmes du champ multiplicatif impliquant des prix. Modéliser ces problèmes à l'aide de schémas et d'écritures mathématiques.
Calcul mental : Réciter la liste de 10 nombres qui suivent un nombre donné ≤ 499, sans passage à la centaine.
Photofiches : Parcours **A** p. 94 – Parcours **B** p. 95

1 Papa achète 3 écharpes. Chaque écharpe coûte 9 €.

Calcule la somme d'argent que Papa va dépenser.
Observe ce schéma et **résous** le problème.

prix d'1 écharpe | prix d'1 écharpe | prix d'1 écharpe

prix des 3 écharpes ?

Fais tes essais.

Écris l'opération en ligne.

Écris la phrase réponse.

2 Le grand-père de Lola achète 4 sachets de graines à semer au prix de 2 € le sachet. Combien a-t-il dépensé ?

Observe ce schéma et **résous** le problème.

prix d'1 sachet | prix d'1 sachet | prix d'1 sachet | prix d'1 sachet

prix de 4 sachets

Fais tes essais.

Écris l'opération en ligne.

Écris la phrase réponse.

89 Les mots pour écrire les nombres jusqu'à 499

Compétences : Connaître et utiliser les mots de la numération pour lire et écrire des nombres jusqu'à 499.
Calcul mental : Multiplier des dizaines entières par 2.

......	......	......	......	......

1 Entoure les mots dont tu as besoin pour écrire ces nombres.

327	un – deux – trois – quatre – cinq – six – sept – huit – neuf – dix – vingt – trente – quarante – cinquante – soixante – cent
298	un – deux – trois – quatre – cinq – six – sept – huit – neuf – dix – vingt – trente – quarante – cinquante – soixante – cent

2 Complète ce tableau.

Nombre	Mots pour écrire le nombre	Nombre de mots
135	....	.... mots
248	....	.... mots
479	....	.... mots

3 Complète.

262	.... cent soixante-deux
418	quatre cent .... -huit
197	cent quatre .... -dix-sept

101	cent ....
386	.... cent quatre-vingt ....
415	....

4 Écris en chiffres :

- le nombre à trois chiffres qui s'écrit avec un seul mot : ....
- cinq nombres à trois chiffres qui s'écrivent avec deux mots : ....

....

90 Révisions (6)

Calcul mental

....	....	....	....	....	....

1 Colorie en orange le nombre qui correspond.

deux cent quatre-vingt-treize

213 280 220 293 193

quatre cent quatre-vingt-deux

402 480 482 422 382

2 Termine la construction de ce carré avec ton équerre.

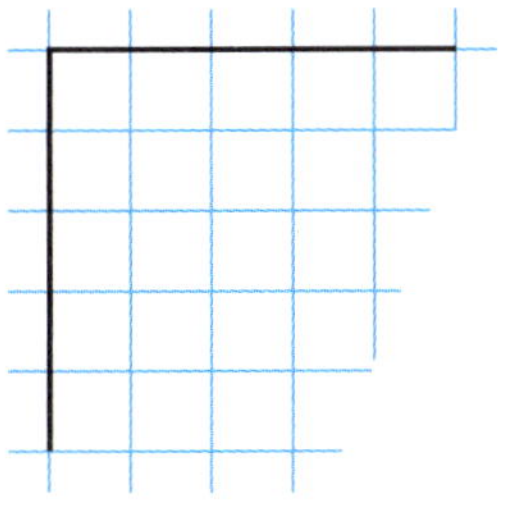

3 Écris la masse de ces haricots verts.

.... g

4 Calcule cette addition en 2 étapes.

53 + 38

53 + ... = ...

.... + ... = ...

Donc : 53 + 38 = ...

5 Calcule ces multiplications.

5 × 5 = ...	8 × 5 = ...
9 × 5 = ...	7 × 5 = ...
2 × 5 = ...	3 × 5 = ...
6 × 5 = ...	4 × 5 = ...

6 Noé achète des rollers pour 78 € et des protections.
Il dépense 123 €.
Quel est le prix des protections ?
Complète ce schéma et **résous** le problème.

prix des rollers : .... €

prix des protections : ? €

dépense totale : .... €

Écris l'opération en ligne.

Écris la phrase réponse.

91 Comparaison des nombres jusqu'à 499 (1)

Compétences : Comparer les nombres ≤ 499 qui n'ont pas la même centaine. Trouver le nombre qui précède un nombre donné.
Calcul mental : Réciter la liste des 10 nombres qui suivent un nombre donné, sans passage à la centaine.
Photofiches : Parcours **A** p. 96 – Parcours **B** p. 97

1

Lola et Noé ont des pièces de jeu de construction.
Écris le nombre de pièces de chacun, puis **compare**-les avec **<** ou **>**.

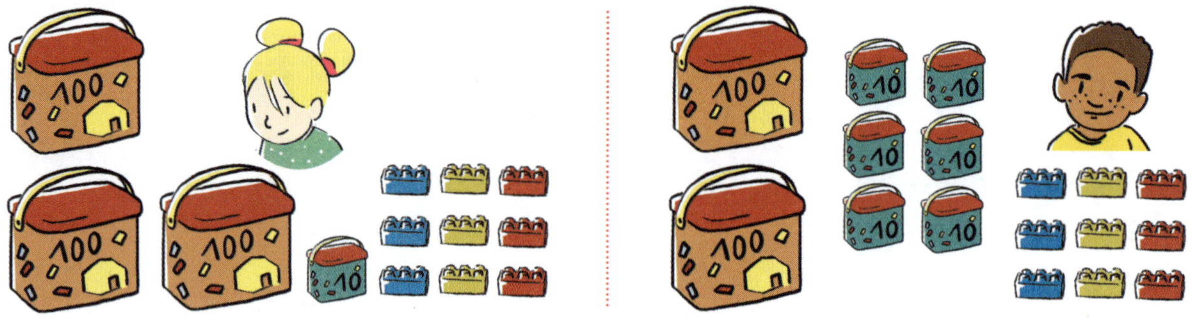

....

2

Complète ces tableaux de numération.

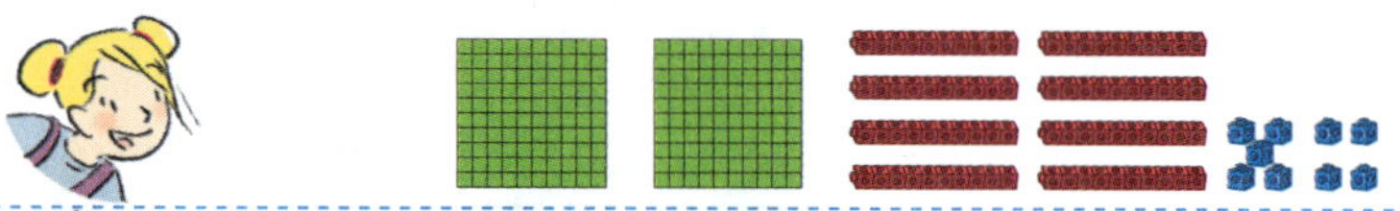

c	d	u
.	.	.

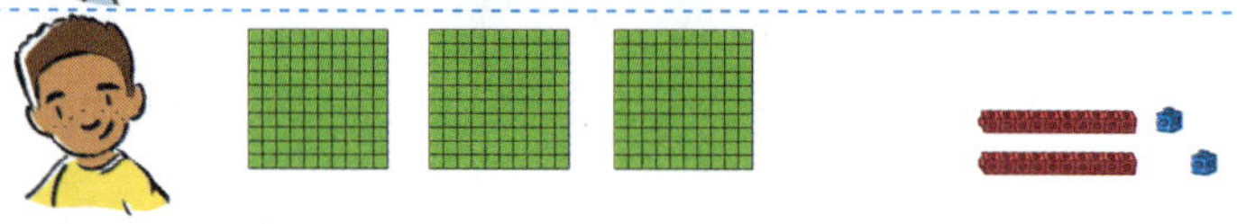

c	d	u
.	.	.

Compare les deux nombres avec **<** ou **>**.

nombre de Lola .... nombre de Noé

Complète.

Les deux nombres ont trois chiffres.
Le plus grand nombre est celui qui a le plus de ....

3

Compare ces nombres avec les signes **<**, **>** ou **=**.

- 273 341
- 427 239
- 363 411
- 185 278
- 468 ..... 400 + 60 + 8
- 341 ..... 100 + 99

4

Écris chaque nombre qui est **juste avant**.

.... < 230	.... < 350	.... < 470
.... < 200	.... < 400	.... < 300

92 Comparaison des nombres jusqu'à 499 (2)

Compétences : Comparer, encadrer, ranger et intercaler les nombres de 0 à 499.
Calcul mental : S'entraîner sur les tables de multiplication par 2, 3.
Photofiches : Parcours **A** p. 96 – Parcours **B** p. 97

1 Les parents de Noé veulent acheter un ordinateur. **Compare** les prix en euros de ces deux ordinateurs en utilisant **<** ou **>**.

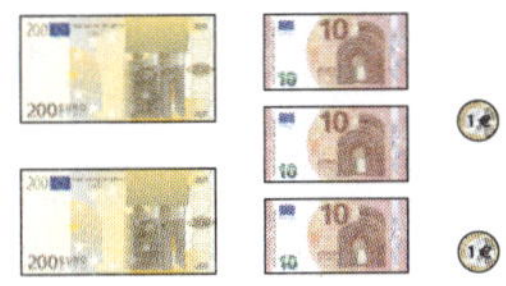
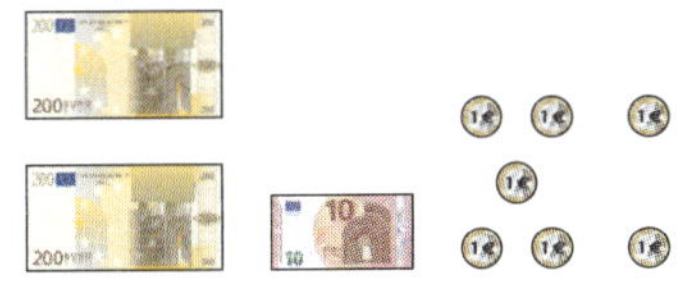

....

2 **Complète** ce tableau de numération.

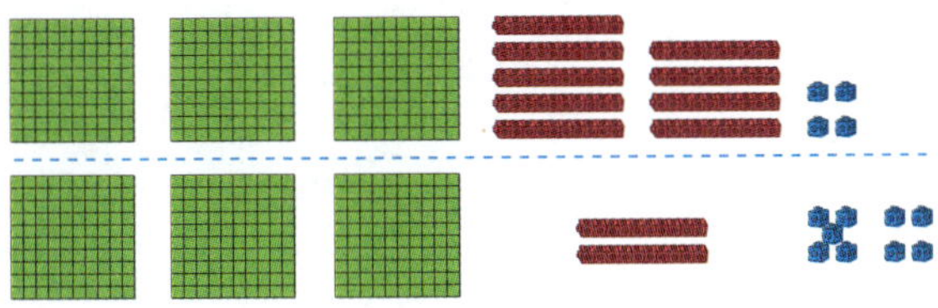

c	d	u
.	.	.
.	.	.

Compare les deux nombres avec **<** ou **>**.

....

Complète.

Les deux nombres ont le même nombre de centaines.
Le plus grand est celui qui a le plus de ....

3 **Encadre** chaque nombre avec des centaines entières.

100 < 187 < .... < 328 < .... < 246 < ....

4 **Range** ces nombres du plus petit au plus grand.

326 292 470 381 218 431

.... < .... < .... < .... < .... < ....

5 **Relie** ces nombres à leur place sur la droite graduée.

trois cent quarante-cinq • trois cent soixante-quinze • trois cent soixante-deux •

93 La relation heures minutes

Compétence : Établir la relation entre les unités de mesure des durées : heures, minutes.
Calcul mental : Soustraire des centaines entières à un nombre à 2 ou 3 chiffres ≤ 499.
Photofiche : Parcours **A** et **B**, p. 98

1 En 1 heure, la petite aiguille rouge des heures avance d'une graduation (A).
La grande aiguille bleue des minutes fait le tour complet du cadran (B).

(A)

Complète le cadran des minutes.

(B)

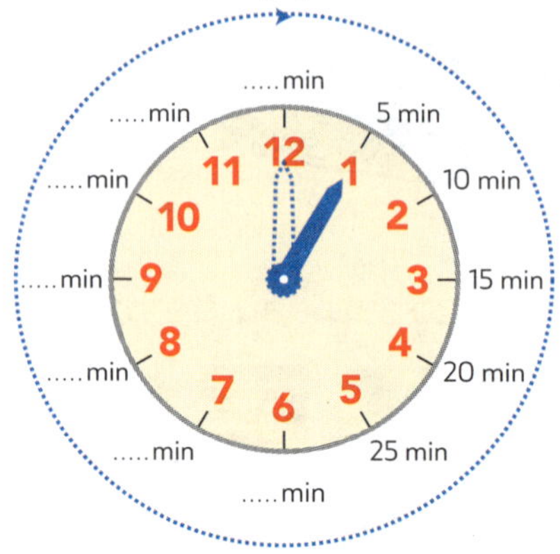

Complète ces phrases.

- Il faut .... minutes pour que la grande aiguille bleue fasse un tour du cadran.
- .... heure de la petite aiguille rouge, c'est la même durée que .... minutes de la grande aiguille bleue.

2 Les mamans de Noé et Lola ont couru pendant près d'une heure.
Entoure la bonne réponse : « **plus** d'une heure » ou « **moins** d'une heure ».

Maman de Noé :
55 min

plus d'une heure

moins d'une heure

Maman de Lola :
62 min

plus d'une heure

moins d'une heure

3 **Complète** avec **<**, **>** ou **=**.

30 min	......	1 h	54 min	......	1 h	120 min	......	2 h
100 min	......	1 h	66 min	......	1 h	180 min	......	3 h

4 **Calcule** la durée totale d'école le matin.

entrée en classe → récréation → sortie

90 min | 15 min | 75 min

.... + ... + ... = ... h

94 Les unités de mesure du temps

Compétence : Connaître les unités usuelles de mesure du temps et leurs relations : heures, jours, semaines, mois, années.
Calcul mental : S'entraîner sur les tables de multiplication par 4 et 5.
Photofiche : Parcours **A** et **B**, p. 98

1 **Observe** la journée de samedi de Noé. **Complète** la durée de chaque temps de la journée.

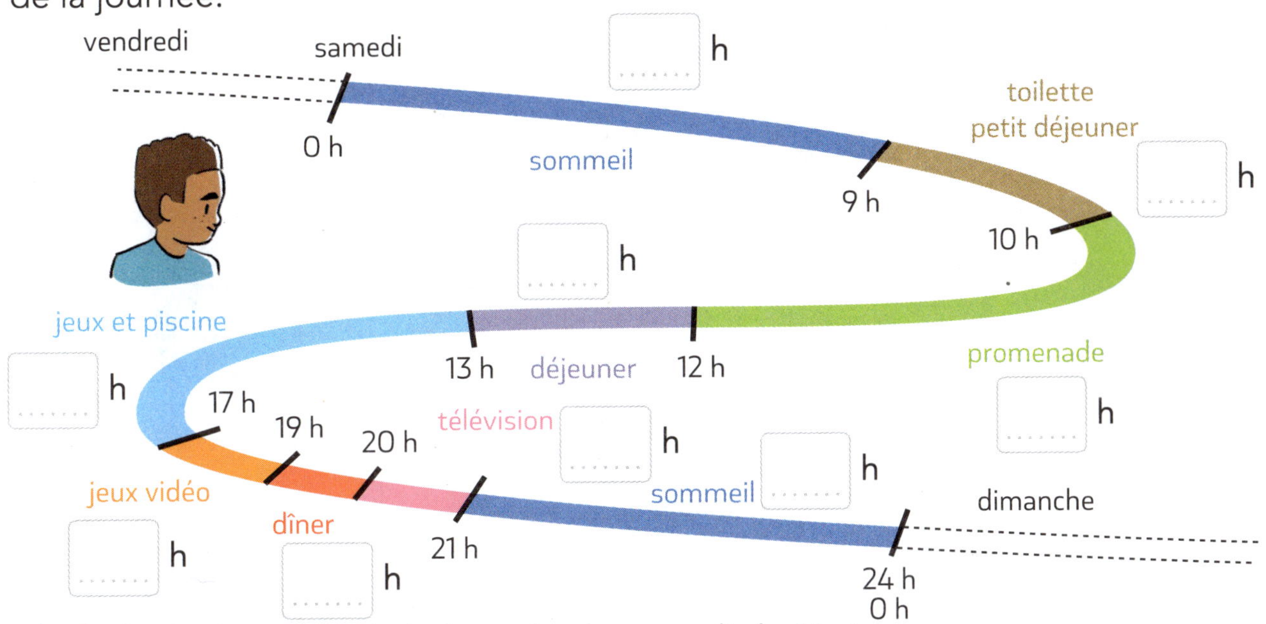

Calcule la durée totale de la journée de samedi de Noé.

.... + ... + ... + ... + ... + ... + ... + ... + ... = ...

Complète. La journée de samedi de Noé dure .... heures.

Du samedi 0 h au samedi 24 h, il y a .... jour.

1 jour = ... heures

2 **Écris** les noms des jours de la semaine.

....

....

Complète cette phrase. Une semaine a .... jours.

3 **Utilise** un calendrier pour écrire le nombre de jours de chaque mois.

mois	janvier	février	mars	avril	mai	juin
nombre de jours	....	....	....	....	....	....

mois	juillet	août	septembre	octobre	novembre	décembre
nombre de jours	....	....	....	....	....	....

Complète. 1 année = ... mois

95 Le rectangle (1)

Compétence : Décrire un rectangle à partir de ses côtés et de ses angles droits.
Calcul mental : Utiliser une procédure de calcul mental pour additionner 3 nombres dont 2 ont une somme en dizaines entières de type 427 + 8 + 3.
Photofiches : Parcours **A** p. 99 – Parcours **B** p. 100

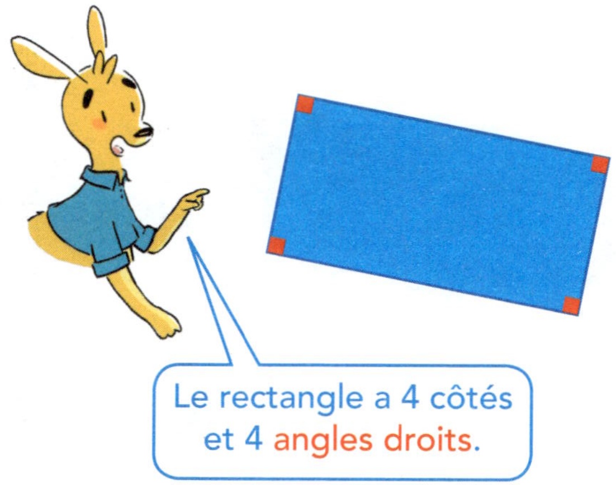

1 Ces figures sont-elles des rectangles ?
Entoure la bonne réponse pour chacune.

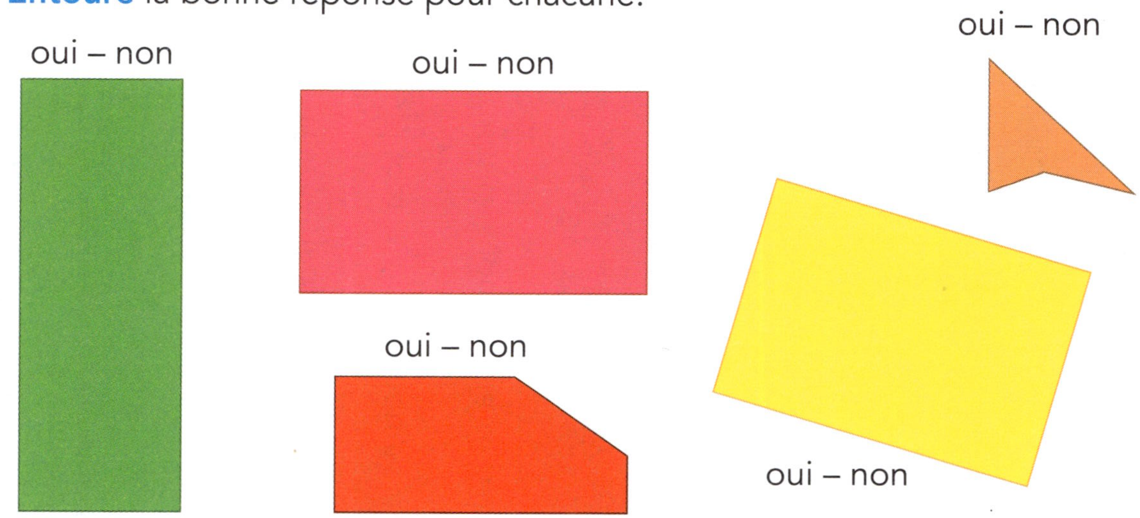

2 **Vérifie** avec ton équerre que les angles sont droits.

3 **Mesure** les côtés de ce rectangle en cm.

longueur : L = ... cm

largeur : l = ... cm

l = ... cm

L = ... cm

96 Le rectangle (2)

Compétence : Construire un rectangle à partir de ses côtés et de ses angles droits.
Calcul mental : Ajouter un nombre à 2 chiffres à une dizaine, à un nombre à 3 chiffres en 2 additions mentales successives annoncées.
Photofiches : Parcours **A** p. 99 – Parcours **B** p. 100

....	....	....	....	....

1 **Trace** un rectangle de 20 cm de longueur et 5 cm de largeur sur ce quadrillage.

2 Une partie du papier pointé a été effacée.
Termine le tracé de ce rectangle.

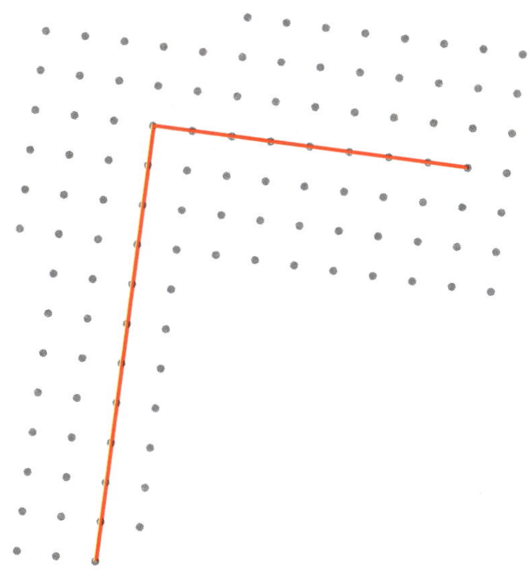

3 Une partie du quadrillage a été effacée.
Termine ce rectangle avec ton équerre.

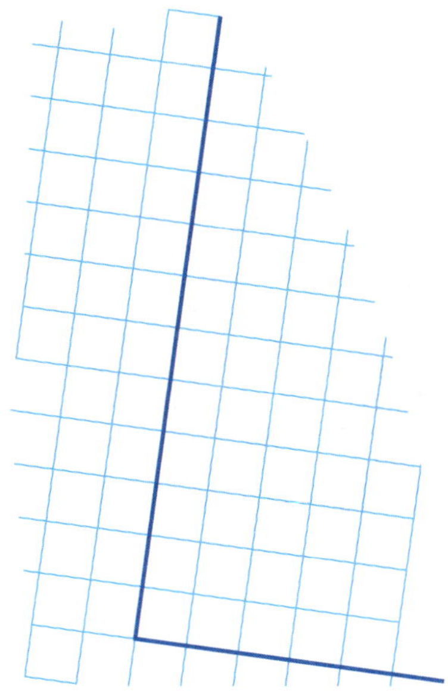

97 La soustraction posée avec retenue (3)

Compétence : Utiliser une technique opératoire de la soustraction avec retenue pour soustraire un nombre à 2 chiffres d'un nombre à 3 chiffres.
Calcul mental : S'entraîner sur les tables de multiplication par 2, 3, 4 ou 5 en utilisant la commutativité : 5 × 2 = 10 ; 2 × 5 = 10.
Photofiche : Parcours **A** et **B**, p. 101

1 Noé, Lola et leurs amis avaient 163 ballons à sculpter. Ils ont utilisé 37 ballons. Combien de ballons reste-t-il ? **Observe** l'échange et **barre** ce qu'ils ont utilisé.

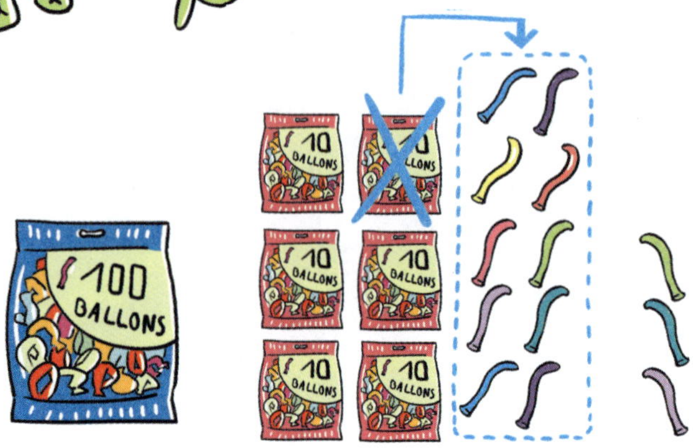

	c	d	u
	1	~~6~~ 5	1 3
–		3	7
	.	.	.

...... – ...... = ...

Il reste ...... ballons.

2 **Complète** le dessin de l'échange et **calcule** 145 – 29.

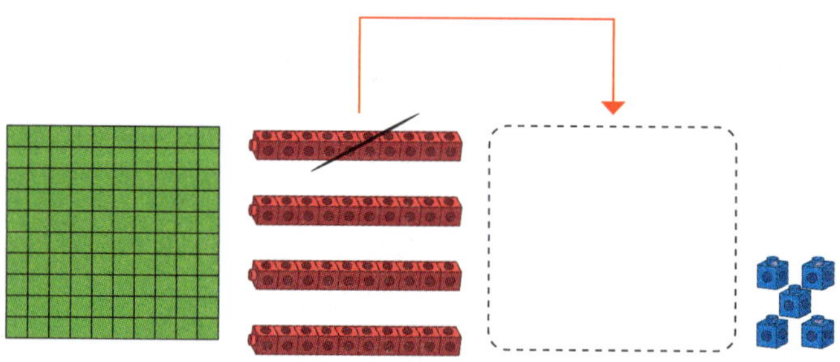

	c	d	u
	1	~~4~~ 3	1 5
–		2	9
	.	.	.

3 **Calcule** ces soustractions.

	c	d	u
	1	7	2
–		4	4
	.	.	.

	1	9	1
–		4	3
	.	.	.

Aide Litchi à compléter la bande numérique.

+30	+2	+200	+50	+9

128	.....	.....	.....	.....	.....

98 Additions de 2 nombres à 3 chiffres avec retenue

......	......	......	......	......

Compétence : Additionner 2 nombres à 3 chiffres avec retenue à la centaine.
Calcul mental : Trouver le complément à la centaine supérieure d'un nombre ayant 0 unité.
Photofiche : Parcours **A** et **B**, p. 102

1 **Calcule** le total des craies de la classe. **Complète** l'opération.

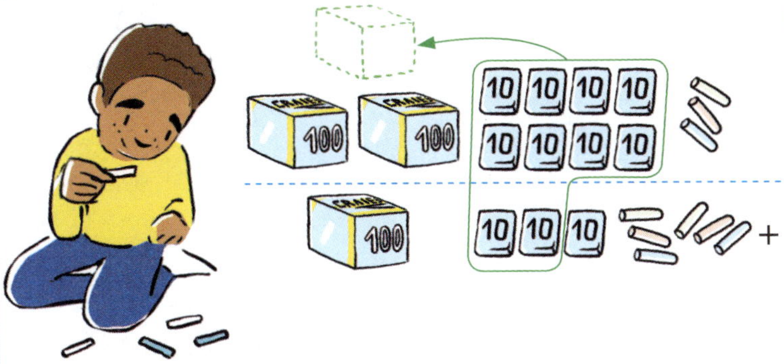

c	d	u
+		
.	.	.
.	.	.
.	.	.

2 **Complète** cette addition et **calcule**.

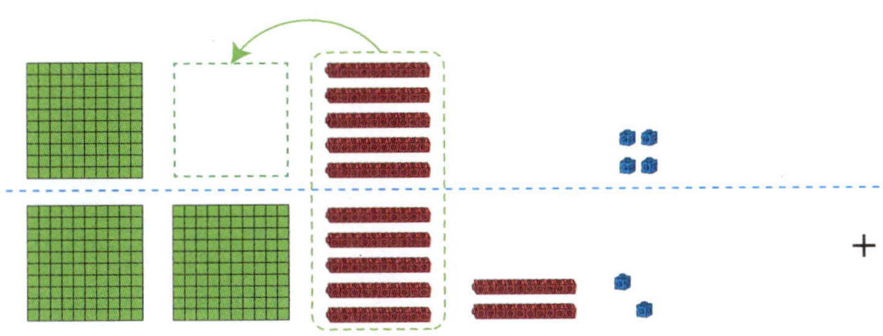

c	d	u
+		
.	.	.
.	.	.
.	.	.

.... + ... = ...

3 **Complète** ces additions et **calcule**.

	c	d	u
	+		
	1	9	2
+	2	4	3
	.	.	.

	c	d	u
	+		
	2	9	4
+	1	9	5
	.	.	.

4 **Calcule** ces additions.

	c	d	u
	3	2	4
+	1	5	8
	.	.	.

	c	d	u
	2	8	1
+	1	7	6
	.	.	.

	c	d	u
	1	7	4
+	1	9	4
	.	.	.

99 Les mesures de contenance (1)

....

Compétences : Connaître et utiliser l'unité usuelle de mesure des contenances : le litre. Donner un ordre de grandeur des contenances de récipients de la vie quotidienne. Comparer des objets selon leur contenance.
Calcul mental : Réciter les 15 nombres qui suivent un nombre à 3 chiffres quelconque avec passage de la centaine.
Photofiche : Parcours **A** et **B**, p. 103

1 **Relie** chaque récipient à sa contenance en litres.

La contenance d'un récipient, c'est le nombre de litres qu'il contient lorsqu'il est plein.

5 L • 1 L • 480 L • 15 L

bouteille

bassine

aquarium

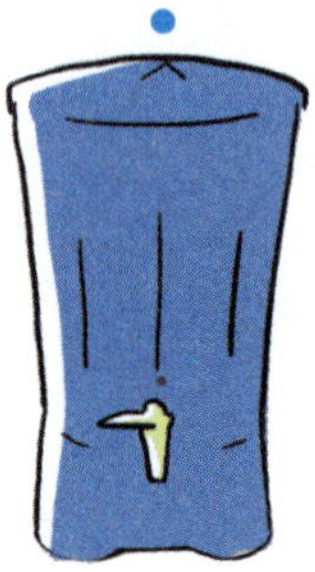

citerne

2 Lola compare les contenances de ces récipients au litre. **Écris** <, > ou =.

....

....

\>

....

1 bouteille = 1 L

Quel récipient a la plus grande contenance ? ....

Quel récipient a la plus petite contenance ? ....

3 Samia achète 4 petites bouteilles de soda et 2 grandes.
Une petite bouteille contient la moitié d'un litre et une grande contient 2 L.
Calcule la contenance totale de soda qu'elle a achetée.

Écris l'opération.

Écris la phrase réponse.

100

Les mesures de contenance (2)

Compétences : Connaître et utiliser l'unité de mesure des contenances : le litre. Évaluer la contenance de récipients.
Calcul mental : Trouver le complément à la dizaine supérieure d'un nombre à 3 chiffres (se terminant par 5).
Photofiche : Parcours **A** et **B**, p. 103

1 **Numérote** ces récipients de 1 à 6 selon leur contenance : du plus petit au plus grand.

citerne	seau	poubelle	aquarium	bouteille	bidon
....	....	....	....	....	....

2 **Écris**, à chaque fois, le nombre de petits récipients que Noé a utilisés pour remplir les grands récipients, comme dans l'exemple.

10 bouteilles de 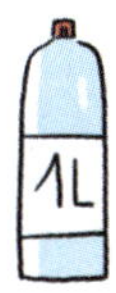 pour remplir 

....  pour remplir 

....  pour remplir 

....  pour remplir 

3 **Calcule** la quantité d'eau contenue dans une citerne, 1 seau et 3 bouteilles.

Écris l'opération en ligne.

....

Complète la phrase réponse.

Il y a .... litres au total.

101 Problèmes du champ additif sur les masses

Compétences : Résoudre des problèmes du champ additif impliquant les masses. Modéliser les problèmes à l'aide de schémas.
Calcul mental : S'entraîner sur la table de multiplication par 5.
Photofiches : Parcours **A** p. 104 – Parcours **B** p. 105

1 À midi, 152 kg de pommes ont déjà été vendus dans l'hypermarché.
Il reste 164 kg à vendre.
Quelle masse de pommes y avait-il au total le matin ?

Complète ce schéma.

masse vendue : .... kg | masse à vendre : .... kg

9 h ——— midi ——— 20 h

9 h ——————— 20 h

....

Fais tes essais.

Écris l'opération en ligne.

Écris la phrase réponse.

2 Combien le champion poids lourd de judo pèse-t-il de plus que le champion super léger ?

poids lourd — poids super léger

139 kg — 59 kg

Complète ce schéma.

.... | ?

....

Fais tes essais.

Écris l'opération en ligne.

Écris la phrase réponse.

102 Problèmes sur les masses

Compétences : Résoudre des problèmes sur les masses en utilisant les opérations connues. Résoudre un problème guidé à 2 étapes.
Calcul mental : Ajouter un nombre de dizaines entières à un nombre à 3 chiffres.
Photofiches : Parcours **A** p. 104 – Parcours **B** p. 105

Pour faire un gâteau au chocolat, Noé a pesé tous les ingrédients.
Il a mélangé :
– 190 g de cacao ;
– 125 g de farine et du beurre.
Le mélange total a une masse de 495 g.

Quelle masse de beurre a-t-il utilisée ?

Complète le schéma.

1re étape

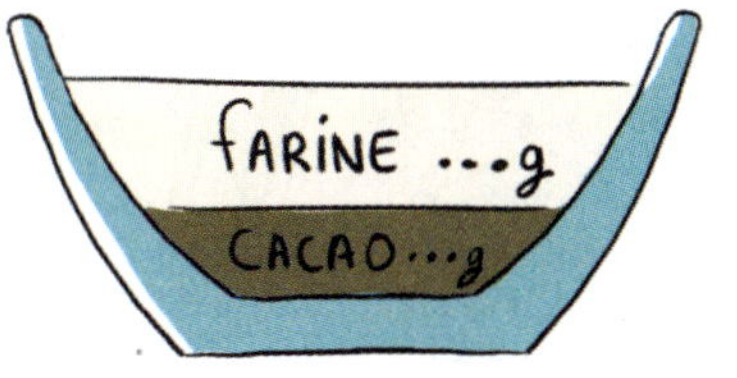

1re étape :
Quelle masse totale de cacao et de farine a-t-il utilisée ?

masse de cacao : ....

masse de farine : ....

Fais tes essais.

Écris l'opération en ligne.

Écris la phrase réponse.

2nde étape

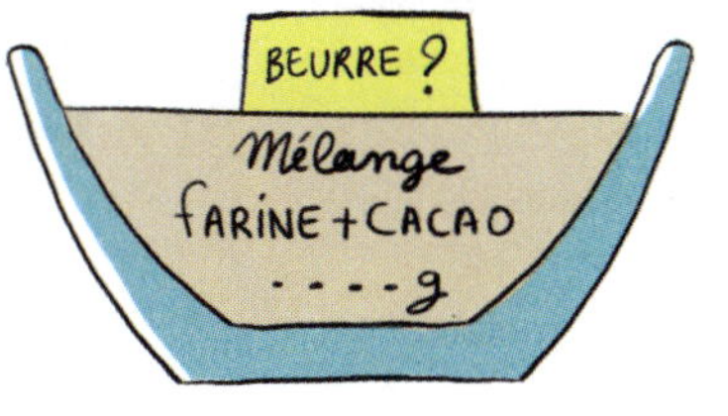

2nde étape :
Quelle masse de beurre a-t-il utilisée ?

masse totale de cacao et de farine : ....

masse totale : ....

Fais tes essais.

Écris l'opération en ligne.

Écris la phrase réponse.

103 Les nombres jusqu'à 999 (1)

Compétences : Dénombrer des collections ≤ 999. Connaître et utiliser les diverses représentations d'un nombre ≤ 999 (écriture en chiffres et en lettres, décompositions additives « …c …d …u »). Connaître la valeur des chiffres en fonction de leur position.
Calcul mental : Calculer une différence entre un nombre à 3 chiffres et un nombre à un chiffre sans retenue.
Photofiches : Parcours **A** p. 106 – Parcours **B** p. 107

1 La classe doit réaliser une grande fresque avec des pastels.
Combien de craies les élèves vont-ils pouvoir utiliser ?
Complète.

c	d	u
.	.	.

Ils vont pouvoir utiliser …………………………………… .

2 **Complète** les décompositions de ces nombres.

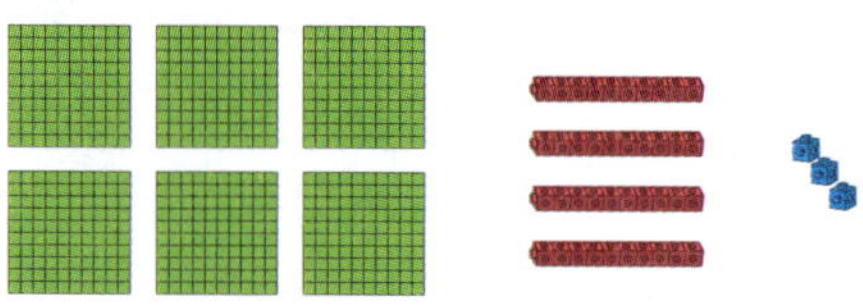

……… + ……… + ……… = ………

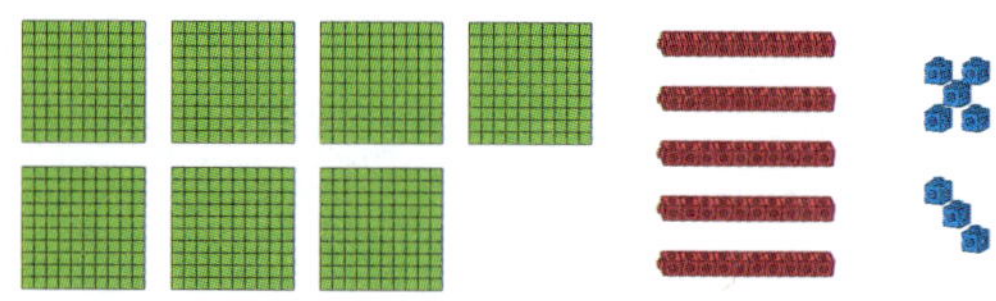

……… + ……… + ……… = ………

3 **Corrige** ces erreurs.

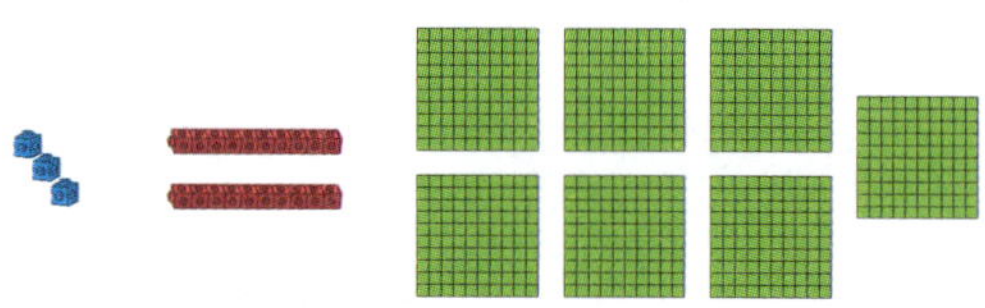

~~327~~ ………

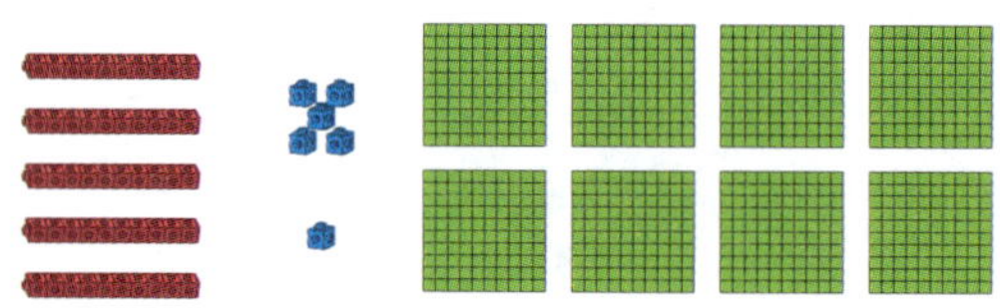

~~568~~ ………

4 **Écris** ces nombres en chiffres ou en lettres.

- neuf cent vingt-sept ………
- huit cent douze ………
- sept cent soixante-cinq ………
- six cent trente-huit ………

- 723 : ……………………………………
- 641 : ……………………………………
- 958 : ……………………………………
- 839 : ……………………………………

104 Les nombres jusqu'à 999 (2)

Compétences : Dénombrer des collections ≤ 999. Connaître et utiliser les diverses représentations d'un nombre ≤ 999. Connaître la valeur des chiffres en fonction de leur position.
Calcul mental : S'entraîner sur les tables de multiplication de 2 et 3.
Photofiches : Parcours **A** p. 106 – Parcours **B** p. 107

1 Pour le grand pique-nique de fin d'année, une école achète des assiettes en cartons par paquets de 100.
Il restait des paquets de 10 assiettes de l'année dernière et quelques assiettes isolées.

Calcule le nombre total d'assiettes.

nouvel achat

assiettes restantes

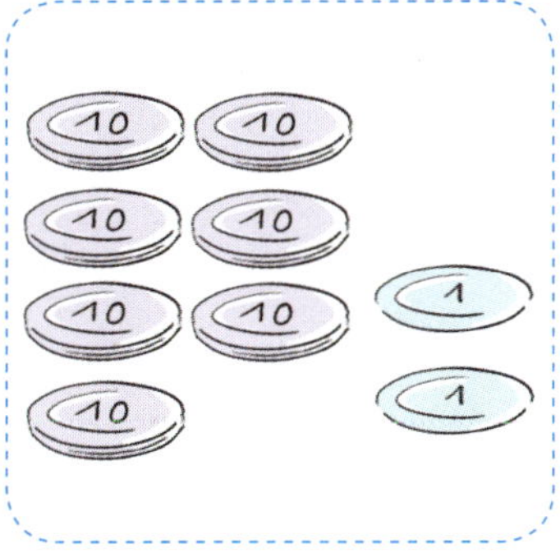

.... + ... = ...

c	d	u
.	.	.

Il y a .... assiettes au total.

2 **Complète** ce tableau, puis **écris** les nombres en chiffres et en lettres.

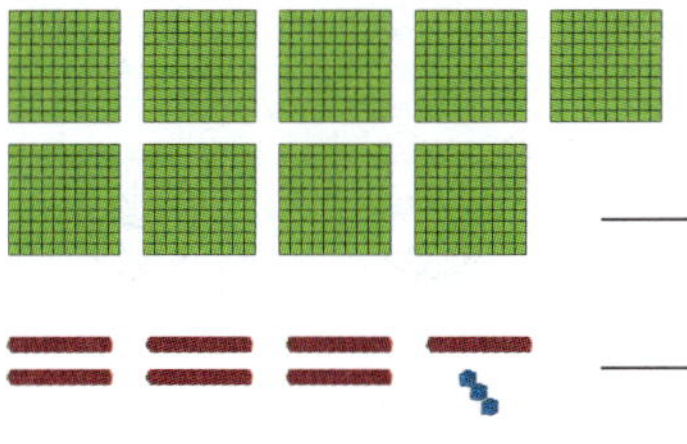

c	d	u
.	0	0
	.	.

→ .... cents

→ .... - ....

Le nombre total est ....

3 **Écris** ces nombres en chiffres ou en lettres.

« Cent » s'écrit avec un **s** uniquement avec des centaines entières.

- sept cents ....
- 800 : ....
- 900 : ....
- huit cent soixante-dix-huit ....
- 972 : ....
- 671 : ....

4 **Complète** ces égalités.

676 = 600 + ...
970 = 900 + ...

500 + 71 = ...
400 + 74 = ...

278 = ... + 78
879 = ... + 79

105 Problèmes pour apprendre à chercher (4)

Compétence : S'engager dans une démarche de résolution de problèmes en émettant des hypothèses, en les testant, en essayant plusieurs pistes, en exposant sa démarche de recherche.
Calcul mental : Trouver le double des centaines entières.

......	......	......	......	......

1 Ce corsaire a perdu le code du coffre au trésor.
1. Le code est un nombre à trois chiffres. Le chiffre de gauche n'est pas 0.
2. La somme du chiffre des centaines et du chiffre des dizaines est égale à 6.
3. La somme du chiffre des dizaines et du chiffre des unités est égale à 4.

Fais tes essais.

Écris les 4 codes possibles.
- code n° 1 ....
- code n° 2 ....
- code n° 3 ....
- code n° 4 ....

2 Cette addition et cette soustraction ont été écrites en langage codé.
Chaque dessin représente toujours le même chiffre.

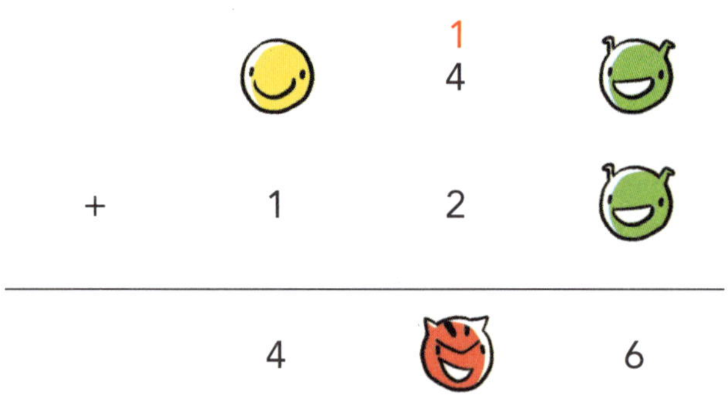

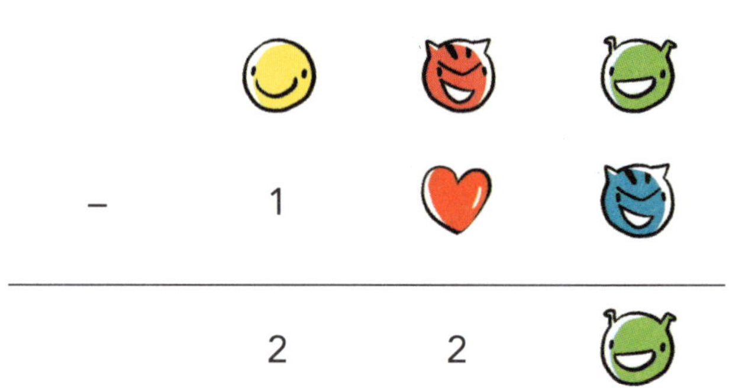

Fais tes essais.

Écris le chiffre correspondant à chaque dessin.

....	....	....	....	....

106 Révisions (7)

Calcul mental

....	....	....	....	....	....

1 Range les nombres du plus petit au plus grand.

389 472 327 213 420

.... < .... < .... < .... < ....

2 Compare avec **<**, **>** ou **=**.

367 400	234 432
400 + 70 + 5 475	490 409
300 + 60 + 13 373	199 300
200 + 50 + 7 360	402 420

3 Trace un rectangle dont les côtés mesurent 8 cm et 4 cm.

4 Calcule la soustraction.

	c	d	u
	1	9	6
–		3	8
	.	.	.

5 Écris les nombres en chiffres ou en lettres.

752 : ....

neuf cent quatre-vingt-quinze : ....

870 : ....

six cent trente-quatre : ....

542 : ....

6 Calcule l'addition.

	c	d	u
	3	5	7
+	2	6	8
	.	.	.

7 Combien faut-il de bouteilles de 1 L pour remplir chacun de ces récipients ?

.... 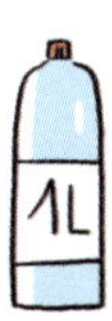

pour remplir 

.... 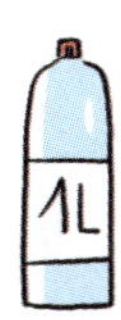

pour remplir 

107 Le nombre ordinal (1)

Compétence : Repérer un rang ou une position dans une file, une liste d'objets ou de personnes.
Calcul mental : S'entraîner sur les tables de multiplication de 3 et 4.
Photofiche : Parcours **A** et **B**, p. 109

1 Les enfants de l'école participent à une course.
Écris la position de chaque enfant.

- Noé est en .... position.
- Lola est en .... position.
- Samia est en .... position.
- Hugo est en .... position.

2 **Observe** la liste de vêtements de Noé. Il a choisi les 3e, 4e, 7e et 9e vêtements de la liste. **Repère**-les et **colorie** le dessin.

- tee-shirt rouge
- pantalon vert
- chaussettes bleues
- pantalon bleu
- casquette jaune
- tee-shirt bleu
- casquette rouge
- pantalon jaune
- tee-shirt vert
- short rouge

3 **Repère** la position de chaque lettre de l'alphabet.

A	B	C	D	E	F	G	H	I	J	K	L	M
1	2	3	4	5	6	7	8	9	10	11	12	13
N	O	P	Q	R	S	T	U	V	W	X	Y	Z
14	15	16	17	18	19	20	21	22	23	24	25	26

Lola a remplacé chaque lettre du prénom de son amie par sa position. **Décode**-le !

12 15 21 9 19 5

L'amie de Lola s'appelle ....

108 Le nombre ordinal (2)

Compétence : Faire le lien entre le rang dans une file ou une liste et le nombre d'éléments qui précèdent.
Calcul mental : Trouver la moitié des centaines entières.
Photofiche : Parcours **A** et **B**, p. 108

....	....	....	....	....

1 Lola attend au guichet du cinéma. **Écris** le nombre de personnes devant elle.

Il y a .... personnes devant Lola.

2 **Colorie** en marron le mouton qui a 8 moutons devant lui.

Quelle est sa position dans la file ? ....

3 Sur sa liste, la maîtresse a classé les élèves dans l'ordre alphabétique.
Écris en lettres la position de chaque enfant dans cette liste.

Arthur n'a personne devant lui. Il est .... sur la liste.

Lola a 12 noms inscrits devant le sien. Elle est .... sur la liste.

Gabriel n'a qu'Arthur inscrit devant lui. Il est .... sur la liste.

Nora a 23 noms inscrits avant le sien. Elle est ....

4 Driss a participé à une course de vélos.
199 coureurs sont arrivés avant lui et 32 après lui.

- En quelle position Driss est-il arrivé ?

  ....

- Combien de coureurs ont participé à cette course ? ....

Fais tes essais.

109 Calcul en ligne : soustraire des centaines et des dizaines entières

Compétence : Utiliser une stratégie de calcul pour soustraire en ligne des dizaines et des centaines entières à un nombre à 3 chiffres.
Calcul mental : Trouver un nombre donné sous la forme « ... c ... d ... u ».
Photofiches : Parcours **A** p. 109 – Parcours **B** p. 110

1 Antoine est papetier. Il a 263 cahiers en stock :
2 paquets de 100, 6 paquets de 10 et 3 cahiers seuls.
Il reçoit une 1re commande de 100 cahiers,
puis une 2nde de 40 cahiers.
Combien de cahiers reste-t-il en stock ?

1re commande

Antoine retire un paquet de 100 cahiers.

263 – 100 = ...

2nde commande

Antoine retire ... paquets de 10 cahiers.

.... – 40 = ...

Il reste .... cahiers en stock.

2 **Complète** pour calculer 457 – 230.

457 = ... centaines .... dizaines .... unités

230 = ... centaines .... dizaines

1re étape : soustrais les centaines.

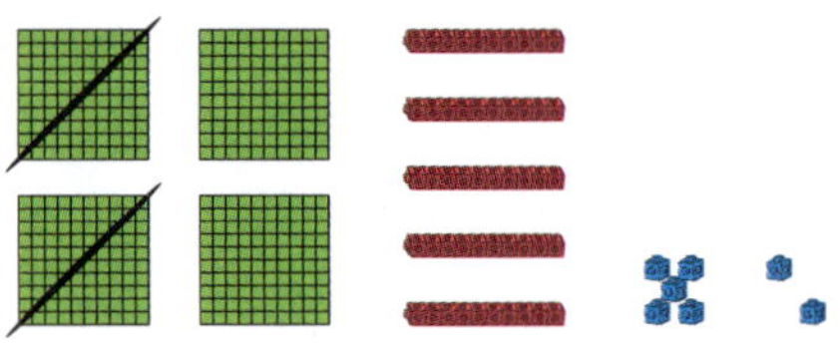

200 c'est .... centaines.

457 – 200 = ...

2nde étape : soustrais les dizaines.

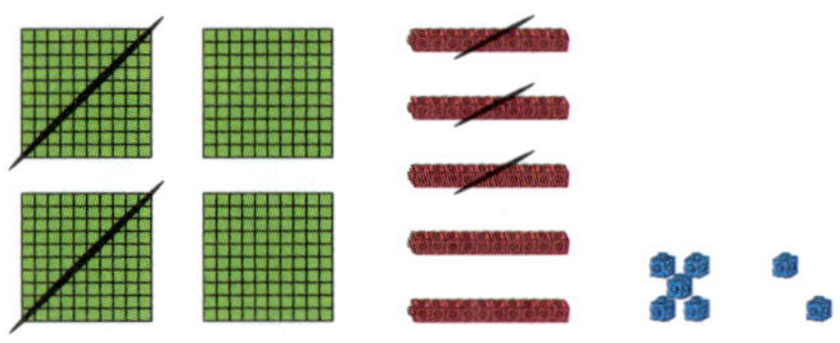

30 c'est .... dizaines.

.... – 30 = ...

3 **Complète** pour calculer 469 – 340.

469 = ... centaines .... dizaines .... unités

340 = ... centaines .... dizaines

1re étape : soustrais les centaines.

300 c'est .... centaines.

469 – 300 = ...

2nde étape : soustrais les dizaines.

40 c'est .... dizaines.

.... – 40 = ...

110 La soustraction posée avec retenue (4)

Compétence : Utiliser une technique opératoire de la soustraction avec retenue pour soustraire un nombre à 2 ou 3 chiffres d'un nombre à 3 chiffres.
Calcul mental : S'entraîner sur les tables de multiplication de 4 et 5.
Photofiche : Parcours **A** et **B**, p. 111

1 Noé veut retirer 43 à 325.

Dessine l'échange.

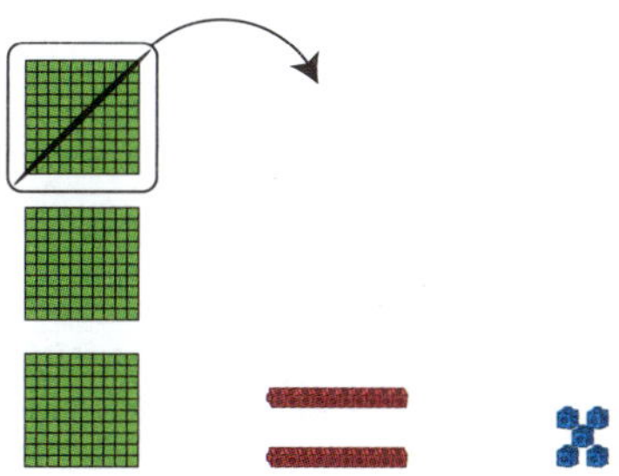

Complète la soustraction.

	c	d	u
	2 ~~3~~	1 2	5
–		4	3
	.	.	.

2 **Calcule** ces soustractions.

	c	d	u
	4	6	8
–	1	7	3
	.	.	.

	c	d	u
	7	5	6
–	3	8	1
	.	.	.

3 **Calcule** ces soustractions.

	4	5	8
–		8	9
	.	.	.

	9	4	1
–		5	4
	.	.	.

	5	2	3
–	2	6	7
	.	.	.

4 **Pose** et **calcule** ces soustractions.

856 – 67

963 – 458

349 – 286

Compétences : Identifier et distinguer le cercle et le disque.
Calcul mental : Trouver la moitié des centaines entières.
Photofiche : Parcours **A** et **B**, p. 112

111 Le cercle et le disque

1 Colorie le disque rouge et le disque vert des feux tricolores.

rouge | vert

La voiture s'arrête. | La voiture passe.

2 Repasse en bleu le cercle de la roue avant de ce vélo.

3 Compte le nombre de cercles dans ce dessin.

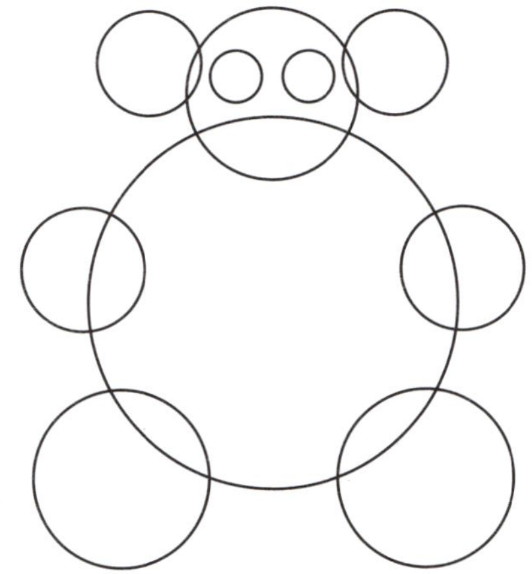

Il y a .... cercles.

4 Transforme ce cercle vert en disque vert.

5 Écris pour chaque figure *cercle* ou *disque*.

112 Le cercle

Compétence : Construire un cercle avec un compas.
Calcul mental : Ajouter un nombre à 2 chiffres à un nombre à 3 chiffres sans retenue en 2 étapes mentales.
Photofiche : Parcours **A** et **B**, p. 112

1 **Trace** le contour d'un rouleau de ruban adhésif.
Tu peux tracer le cercle extérieur et le cercle intérieur.

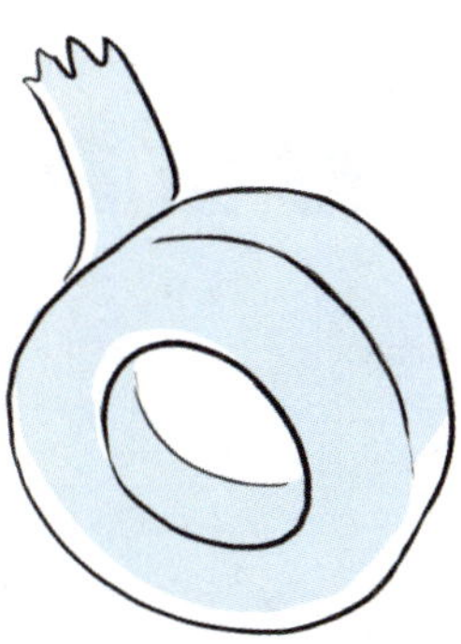

2 Noé a lancé un cerceau devant lui.
Trace-le avec ton compas.

3 Lola tient un cerceau à la main. **Trace**-le.

4 Samia veut dessiner cette cible. **Trace** des cercles de plus en plus grands en plaçant la pointe du compas toujours sur la croix pour chaque cercle.

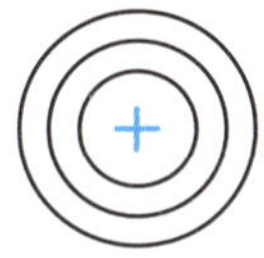

+

113 Situations de partage (1)

Compétence : Découvrir la notion de partage.
Calcul mental : Reconstituer un nombre donné sous la forme « ... c ... d ... u » dans le désordre.
Photofiches : Parcours **A** p. 113 – Parcours **B** p. 114

1 Gabrielle partage 8 billes à parts égales entre ses 4 amis.
Entoure la part de chacun.

Complète.

nombre de billes à partager : ....   nombre d'enfants : ....

nombre de billes par enfant : ....

2 Papy a 12 pièces de 1 €. Il les donne à parts égales à chacun de ses trois petits-enfants.
Chaque enfant a une partie des 12 pièces. **Entoure** la partie de chacun.

Complète.

nombre de pièces à partager : ....   nombre d'enfants : ....

nombre de pièces par enfant (par part) : ....

3 **Partage** ces 15 carrés-unités en 5 parties égales.
Entoure chaque partie.

Complète.

nombre à partager : ....   nombre de parties : ....

nombre par partie : ....

114 Situations de partage (2)

Compétence : Résoudre des situations de partage. Partager une grandeur en un nombre donné de grandeurs.
Calcul mental : Réciter les 15 nombres qui suivent un nombre à 3 chiffres quelconque avec passage à la centaine.
Photofiches : Parcours **A** p. 113 – Parcours **B** p. 114

1 Un boulanger a réparti 21 croissants en paquets de 3 croissants.
Entoure les paquets de 3 croissants.

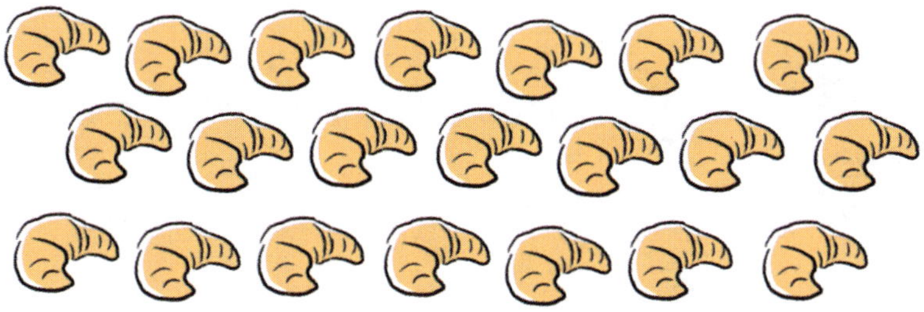

Complète.

nombre total de croissants : .... nombre de croissants par paquet : ....

nombre de paquets : ....

2 Le jeu de cartes a 32 cartes. Chaque joueur en reçoit 8.
Entoure pour effectuer le partage.

Complète.

nombre total de cartes : .... nombre de cartes par joueur : ....

nombre de joueurs : ....

3 Ces 30 jetons sont mis dans des sachets de 5 jetons.
Entoure pour effectuer le partage.

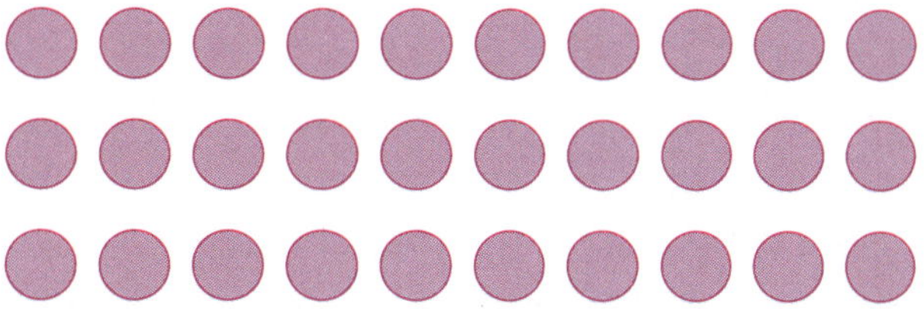

Complète.

nombre total de jetons : .... nombre de jetons par sachet : ....

nombre de sachets : ....

115 Problème utilisant un graphique (1)

Compétence : Exploiter des données numériques présentées sous la forme d'un graphique.
Calcul mental : Retirer 10 à un nombre à 3 chiffres ≤ 999.
Photofiche : Parcours **A** et **B**, p. 115

Observe ce graphique des anniversaires des élèves au cours des mois de l'année.

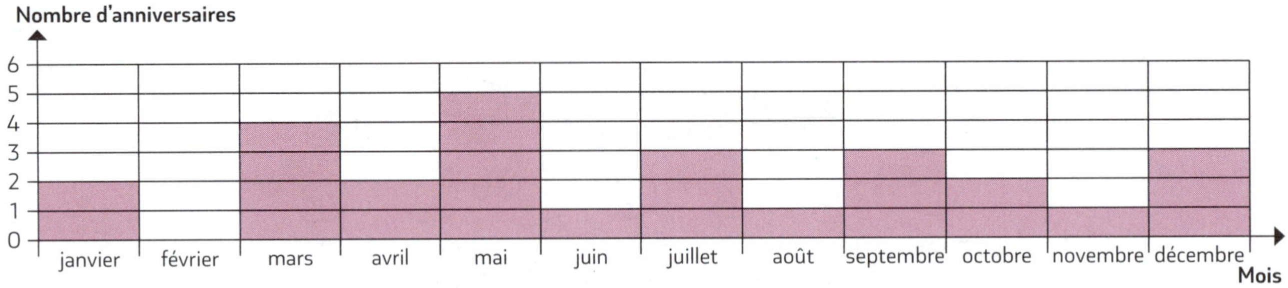

1 **Réponds** aux questions en recherchant les données sur le graphique.

- Quel est le mois où il y a le plus d'anniversaires ? ....
- Quel est le mois où il n'y a aucun anniversaire ? ....
- Combien y a-t-il d'anniversaires en septembre ? ....
- Combien y a-t-il d'anniversaires en mars ? ....

2 **Complète** et **calcule** en utilisant les données du graphique.

- Combien d'élèves sont nés pendant les mois d'hiver (janv. – févr. – mars) ?

Écris l'opération en ligne. .... = ...

Écris la phrase réponse.

- Combien d'élèves sont nés pendant les mois d'été (juill. – août – sept.) ?

Écris l'opération en ligne. .... = ...

Écris la phrase réponse.

- Combien d'élèves sont nés pendant les mois de printemps (avr. – mai – juin) ?

Écris l'opération en ligne. .... = ...

Écris la phrase réponse.

- Combien d'élèves sont nés pendant les mois d'automne (oct. – nov. – déc.) ?

Écris l'opération en ligne. .... = ...

Écris la phrase réponse.

116 Problème utilisant un graphique (2)

Compétence : Exploiter des données numériques présentées sous la forme d'un graphique.
Calcul mental : S'entraîner sur la table de multiplication par 4.
Photofiche : Parcours **A** et **B**, p. 115

Au jeu d'adresse, Noé lance des balles dans une caisse. Il marque 10 points à chaque lancer réussi. Il joue 4 parties.

1 **Observe** ce graphique des résultats de Noé aux 4 parties. **Complète** le tableau.

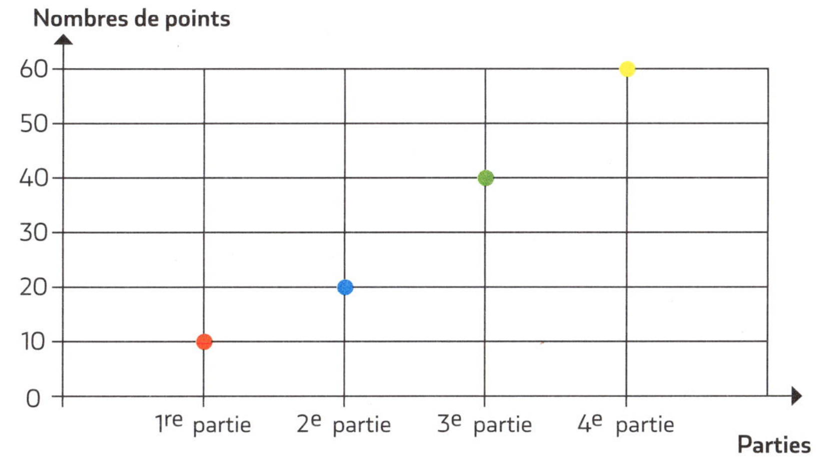

	Nombres de points
1re partie	....
2e partie	....
3e partie	....
4e partie	....

2 **Calcule** le nombre total de points de Noé.

Écris l'opération en ligne. .... = ...

Écris la phrase réponse.

3 De combien de points s'est-il amélioré entre la 1re et la 4e partie ?

score de la 1re partie : .... score de la 4e partie : ....

Écris l'opération en ligne. .... = ...

Écris la phrase réponse.

117 Les nombres jusqu'à 999 (3)

Compétences : Dénombrer des collections ≤ 999. Connaître et utiliser les diverses représentations d'un nombre ≤ 999 (écritures en chiffres et en lettres, décompositions additives « ...c ...d ...u »). Connaître la valeur des chiffres en fonction de leur position.
Calcul mental : Réciter les 15 nombres qui précèdent un nombre à 3 chiffres quelconque avec passage de la centaine.
Photofiches : Parcours **A** p. 116 – Parcours **B** p. 117

1 Pour le concours de la plus grosse omelette, ces cuisiniers ont besoin de beaucoup d'œufs !

Écris leur nombre en lettres, puis en chiffres dans le tableau.

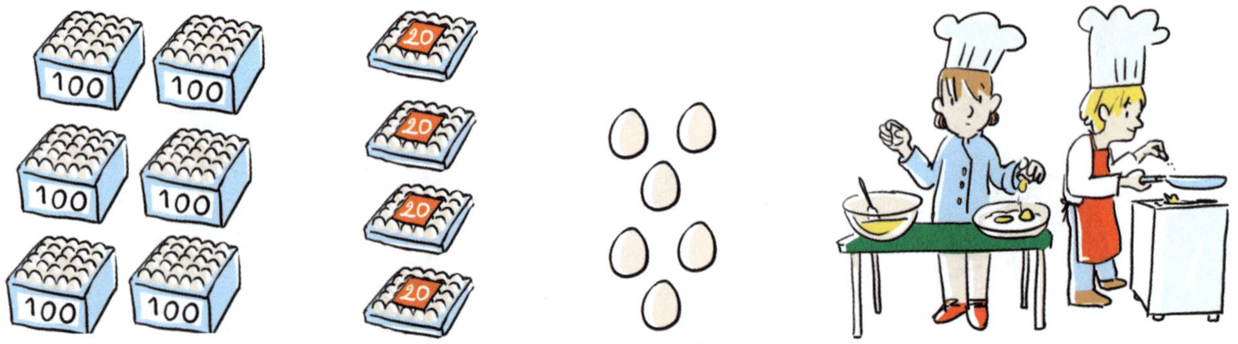

c	d	u
.	.	.

Les cuisiniers ont .... oeufs au total.

2 **Complète** ce tableau de numération et **écris** le nombre en lettres.

c	d	u
.	.	.

3 **Colorie** en violet le nombre en chiffres qui correspond à chaque écriture en lettres.

sept cent quatre-vingt-cinq

7 805	725	780	785	780

cinq cent quatre-vingt-huit

58	580	528	508	588

4 **Écris** les nombres en lettres.

- 7 centaines 8 dizaines 4 unités : ....
- 9 c 8 d 5 u : ....
- 900 + 80 + 3 : ....

118 Les nombres jusqu'à 999 (4)

......	......	......	......	......

Compétences : Dénombrer des collections ≤ 999. Connaître et utiliser les diverses représntations d'un nombre ≤ 999 en insistant sur les nombres à 9 dizaines. Connaître la valeur des chiffres en fonction de leur position.
Calcul mental : Ajouter un nombre à deux chiffres à un nombre à trois chiffres.
Photofiches : Parcours **A** p. 116 – Parcours **B** p. 117

1 Pour un tournoi de tennis, le club a acheté 900 balles de tennis, le président 80 balles et Noé a ajouté ses 12 balles.

Écris le nombre total de balles en lettres, puis en chiffres dans le tableau.

c	d	u
.	.	.

.... cent ..................-..................-..................

Il y a ...... balles.

2 **Écris** ces deux nombres en lettres.
Souligne le mot qui marque leur différence.

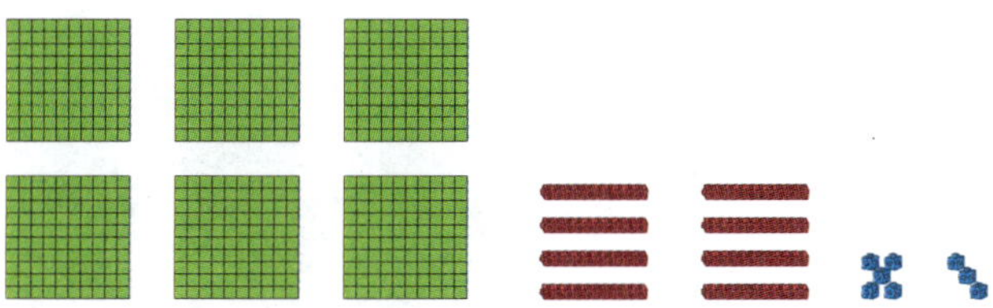

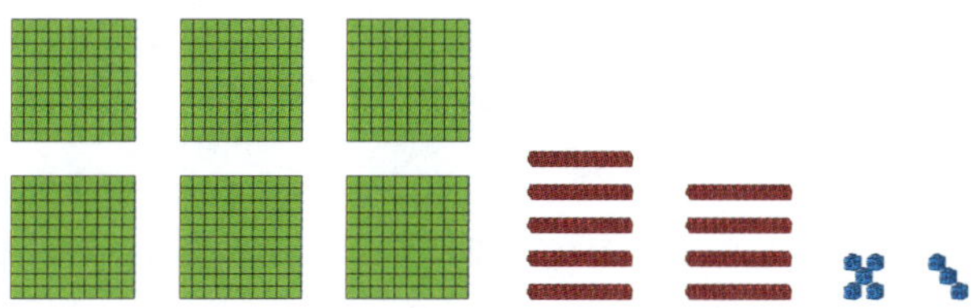

3 **Complète** ces décompositions.

695 = ... + 95
887 = ... + ...
798 = ... + ...
589 = ... + ...

695 = 600 + ... + 5
887 = ... + ... + ...
798 = ... + ... + ...
589 = ... + ... + ...

4 **Écris** chaque nombre en lettres.

- 9 d 5 c 4 u : ....
- 7 u 9 c 8 d : ....
- 7 c 2 u 9 d : ....

119 Les mots de la numération et des calculs

Compétence : Connaître le lexique des nombres et des calculs.
Calcul mental : Retirer 100 à un nombre à 3 chiffres.

1 **Relie** chaque signe à sa signification.

$+$ • $-$ • $\times$ • $=$ • $>$ • $<$

multiplié par • plus • moins • inférieur à • supérieur à • égal à

2 **Complète** chaque phrase avec le mot qui convient :
addition – soustraction – multiplication – calcul.

- Additionner, soustraire ou multiplier, c'est faire un ....
- Ajouter plusieurs fois la même quantité, c'est effectuer une ....
- Retrancher une quantité, c'est effectuer une ....
- Ajouter une quantité à une autre, c'est effectuer une ....

3 **Complète** ces phrases avec les mots *chiffre(s)* ou *nombre(s)*.

- 485 est un ....
  Il s'écrit avec les .... 4, 8 et 5.
- Tous les .... s'écrivent avec les .... : 0, 1, 2, 3, 4, 5, 6, 7, 8, 9.
- Avec les .... 2, 4 et 7, il est possible d'écrire les .... 247, 274, 427, 472, 724 ou 742.

120 Révisions (8)

Calcul mental

......	......	......	......	......	......

1 **Écris** le nombre en chiffres et en lettres.

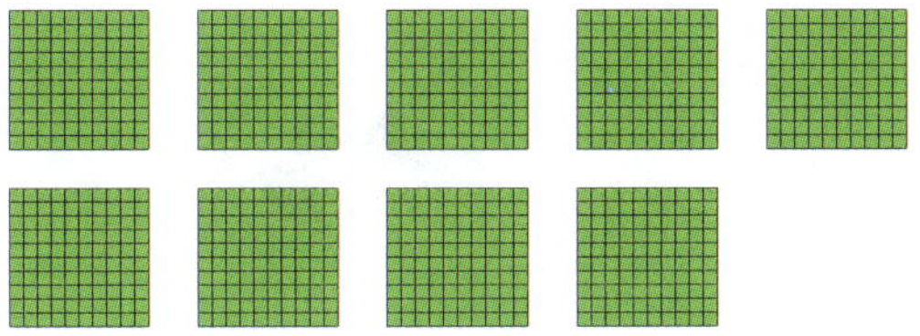 = ...

2 **Complète** les décompositions.

862 = 800 + ... + ...

793 = 700 + ...

679 = ... + ... + 9

585 = ... + ... + ...

904 = ... + ...

3 **Écris** le nom de l'animal en fonction de sa position.

Le 3e : .... Le 11e : .... Le 7e : ....

Écris la position de l'animal et le nombre d'animaux qui le précèdent.

Le lapin : .... position ; .... animaux le précèdent.

L'autruche : .... position ; .... animaux la précèdent.

4 **Trace** un cercle avec ton compas.

5 **Pose** et **calcule** la soustraction.

952 – 768 =

6 Nico partage 20 figurines entre 4 enfants.
Entoure pour effectuer le partage.

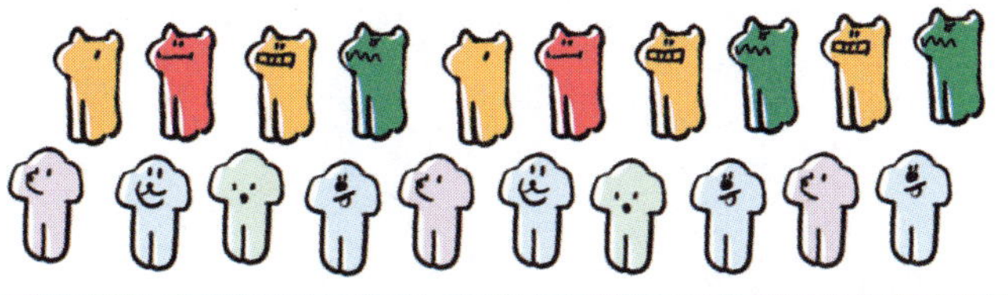

Complète.

- Nombre total de figurines : ......
- Nombre d'enfants : ......
- Nombre de figurines par enfant : ......

121 Comparaison des nombres jusqu'à 999 (1)

Compétences : Comparer, intercaler et encadrer des nombres ≤ 999. Utiliser les signes < et >.
Calcul mental : Retirer des dizaines entières d'un nombre à 3 chiffres ≤ 999.
Photofiches : Parcours **A** p. 118 – Parcours **B** p. 119

1 Lola, Noé et Samia expliquent comment faire pour comparer des nombres à trois chiffres. **Compare** avec **<** ou **>**.

768 et 913

Le plus grand est celui qui a le plus de centaines !

854 et 861

Le plus grand est celui qui a le plus de dizaines !

648 et 645

Le plus grand est celui qui a le plus d'unités !

768 ..... 913 | 854 ..... 861 | 648 645

2 **Compare** avec **<** ou **>**.

643 832	856 863	945 948
745 569	549 529	562 561
906 654	738 728	847 843

3 **Écris** ces nombres sur la bande numérique.

657 – 630 – 652 – 650 – 645 – 637

629	.....			633	634	635	636	.....
								638
	646	.....	644	643				639
648								
649	.....		.....		654	655		.....

4 **Écris** le nombre :

- qui est juste avant ;
  - ...... < 840
  - ...... < 760
  - ...... < 930
- qui est entre ;
  - 539 < ...... < 541
  - 829 < ...... < 831
  - 959 < ...... < 961
- qui est juste après.
  - 559 < ......
  - 839 < ......
  - 629 < ......

122 Comparaison des nombres jusqu'à 999 (2)

Compétences : Comparer, ordonner et intercaler des nombres ≤ 999.
Calcul mental : S'entraîner sur la table de multiplication par 5.
Photofiches : Parcours **A** p. 118 – Parcours **B** p. 119

1 Les coureurs sont placés dans l'ordre croissant de leur numéro de dossard.
Écris le numéro de chacun.

432 | 965 | 935 | 295 | 567 | 845

2 **Place** chaque borne kilométrique le long de la route.

871 | 756 | 622 | 952 | 551 | 743 | 947 | 573 | 669 | 834

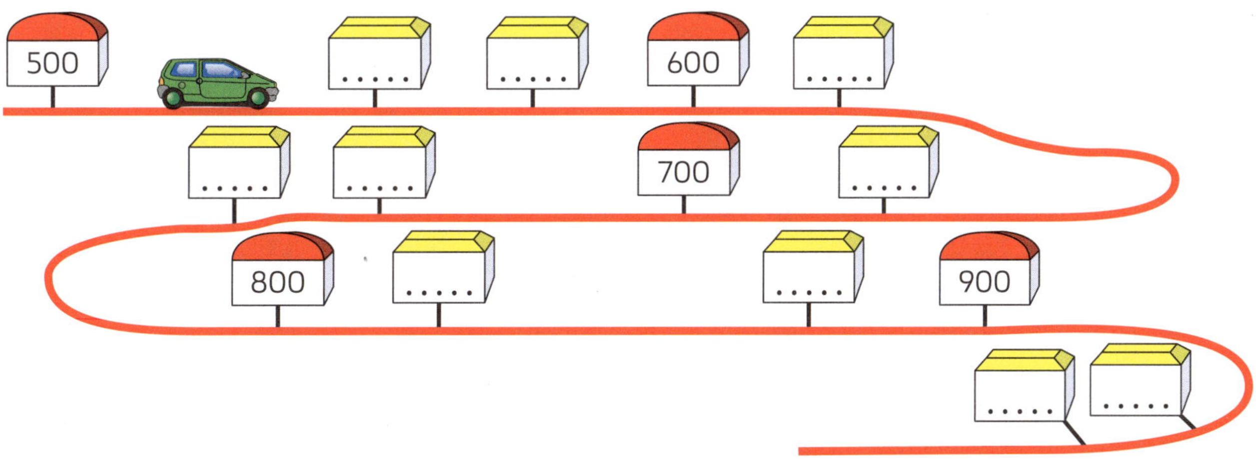

3 **Entoure** le plus petit des 3 nombres.

- 911 969 728
- 724 547 736
- 134 147 131

4 **Entoure** le plus grand des 3 nombres.

- 861 725 968
- 567 545 532
- 653 656 652

5 **Colorie** en orange les nombres qui sont plus petits que 843 mais plus grands que 762.

809 765 669 812 763 536
943 814 643 700 764

123 Le triangle

Compétences : Reconnaître le triangle. Décrire et reproduire un triangle à partir de ses sommets et côtés. Utiliser la règle comme instrument de tracés.
Calcul mental : Trouver un nombre donné sous la forme « ... c ... d ... u » en désordre.
Photofiche : Parcours **A** et **B**, p. 120

1 **Colorie** les triangles.

2 **Mesure** les côtés du triangle.

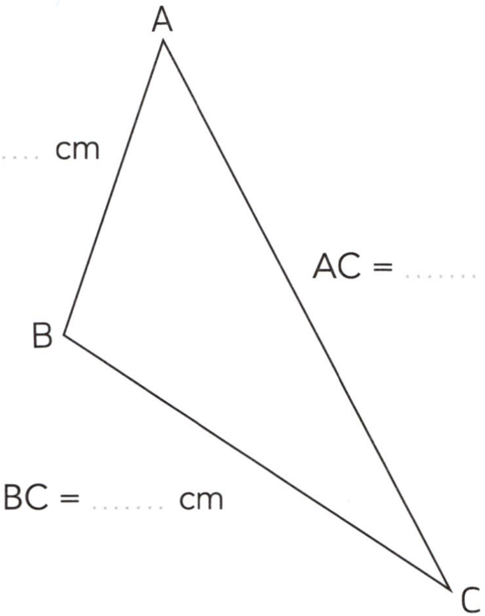

AB = ... cm

AC = ... cm

BC = ... cm

3 **Reproduis** le même triangle en **bleu** sur le papier quadrillé.

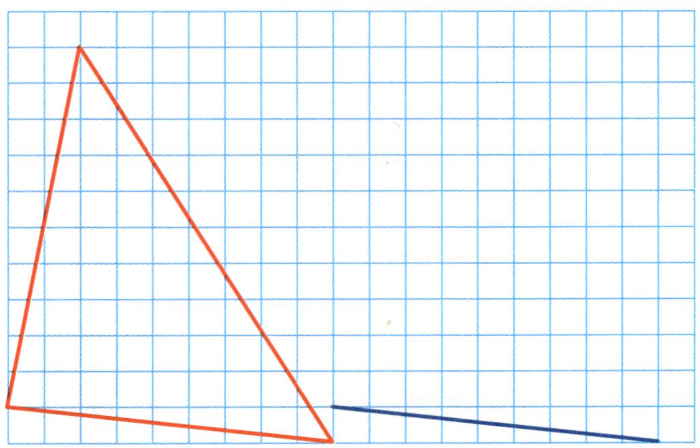

4 **Trace** le triangle ABC en **rouge**, le triangle ADE en **bleu** et le triangle AFG en **vert**.

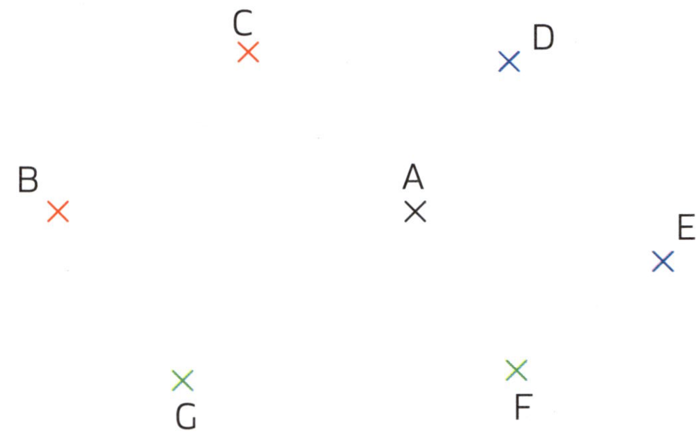

124 Le triangle rectangle

Compétences : Reconnaître et tracer un triangle rectangle. Utiliser une équerre comme outil de tracés.
Calcul mental : Ajouter un nombre à 1 chiffre à un nombre à 3 chiffres avec retenue des unités sur les dizaines.
Photofiche : Parcours **A** et **B**, p. 121

1 **Détache** les 3 rectangles du matériel page 6.
Suis les étapes suivantes pour obtenir des triangles rectangles.

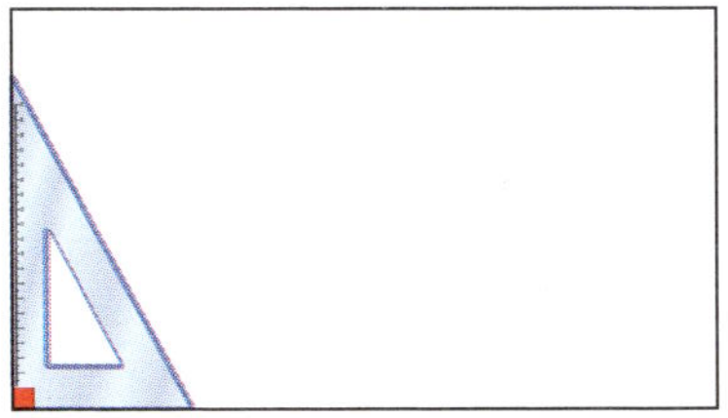

1. Pour chaque rectangle, **vérifie** avec ton équerre que les 4 angles sont droits.

2. **Trace** le segment qui relie 2 sommets opposés et **découpe** le rectangle en deux moitiés.

3. **Vérifie** avec ton équerre s'il y a un angle droit. **Marque**-le d'un carré rouge.

Complète la phrase.

Un triangle rectangle est un triangle qui a ....

2 **Détache** le triangle rectangle rouge du matériel page 5.
Utilise-le pour tracer le triangle rectangle.

3 **Termine** ce triangle rectangle en te servant de l'équerre.

AC = 5 cm

125 Les tables de multiplication de 2 à 5

Compétences : Utiliser la commutativité de la multiplication. S'entraîner sur les tables de multiplication de 2, 3, 4 et 5.
Calcul mental : Ajouter un nombre à 1 chiffre à un nombre à 3 chiffres avec retenue des unités sur les dizaines.
Photofiche : Parcours **A** et **B**, p. 122

1 Ces soldats se sont placés en ligne ou en colonnes. **Complète** ces multiplications.

5 soldats par ligne et 3 lignes
5 multiplié par 3

5 × 3 = ...

3 soldats par colonne et 5 colonnes
3 multiplié par 5

3 × 5 = ...

Au total, ... soldats sont alignés en lignes ou en colonnes.

2 **Complète** et **calcule** ces multiplications.

5 ronds par ligne et 4 lignes

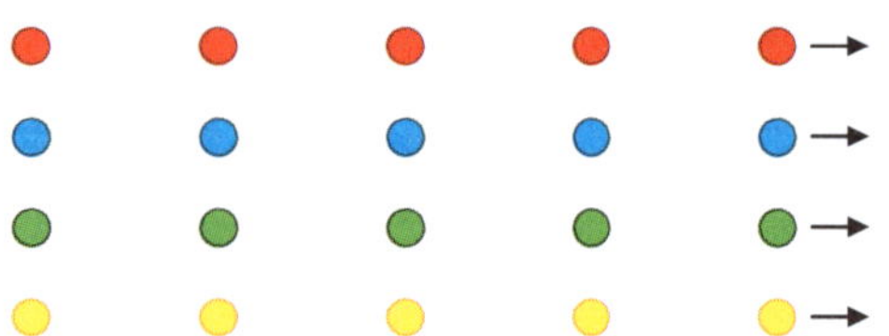

...... × ...... = ...

4 ronds par colonne et 5 colonnes

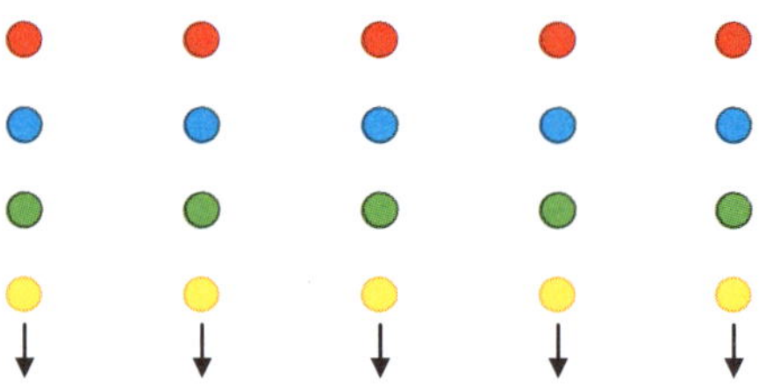

...... × ...... = ...

...... × ...... = ... × ...... = ...

3 **Complète** ces multiplications qui ont le même résultat.

...... × 2 = 6
2 × ...... = 6
...... × 2 = 2 × ...... = ...

...... × 2 = 10
2 × ...... = 10
...... × ...... = ... × ...... = ...

...... × 3 = 15
...... × ...... = 15
...... × ...... = ... × ...... = ...

...... × ...... = 8
...... × ...... = 8
...... × ...... = ... × ...... = ...

126 La multiplication par 10

Compétence : Multiplier un nombre < 100 par 10.
Calcul mental : Trouver le plus grand nombre dans une liste de 3 nombres à 3 chiffres dits oralement.
Photofiche : Parcours **A** et **B**, p. 123

1 La machine à multiplier par 10 transforme chaque cube-unité en une barre-dizaine. **Dessine** les barres-dizaines obtenues lorsque la machine transforme 5 cubes-unités, et **complète**.

1 unité × 10 = 1 dizaine = 10

5 unités × 10 = ... dizaines = ...

2 **Calcule.**

7 unités × 10 = ... dizaines = ...

9 unités × 10 = ... dizaines = ...

6 unités × 10 = ... dizaines = ...

8 unités × 10 = ... dizaines = ...

3 **Complète** ces multiplications en te servant de la leçon 125.

10 × 2 = ...
2 × 10 = ...

10 × 5 = ...
5 × 10 = ...

10 × 4 = ...
4 × 10 = ...

10 × 3 = ...
3 × 10 = ...

4 Une dizaine entre dans la machine à multiplier par 10, il en ressort 10 dizaines.
Multiplie 15 par 10.

15 × 10 =
1 d × 10 = ... d = ... c
5 u × 10 = ... u = ... d
= .... c .... d = ...

5 **Calcule.**

12 × 10 = ...

18 × 10 = ...

25 × 10 = ...

127 Problèmes du champ multiplicatif

Compétences : Résoudre des problèmes multiplicatifs. Modéliser les problèmes à l'aide de schémas et d'écritures mathématiques.
Calcul mental : S'entraîner sur la table de multiplication par 10.

1 La mamie de Lola a acheté 8 paquets de gaufrettes.
Chaque paquet contient 12 gaufrettes.
Combien de gaufrettes y a-t-il au total ?

Complète ce schéma.

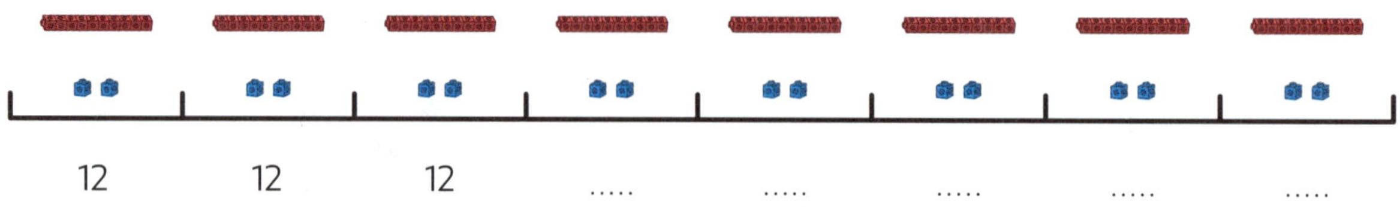

Fais tes recherches et tes opérations.

Écris la phrase réponse.

2 Il y a 7 enfants au centre de loisirs. Chacun fait un collier de 30 perles.
Combien faut-il prévoir de perles pour eux tous ?

Complète ce schéma.

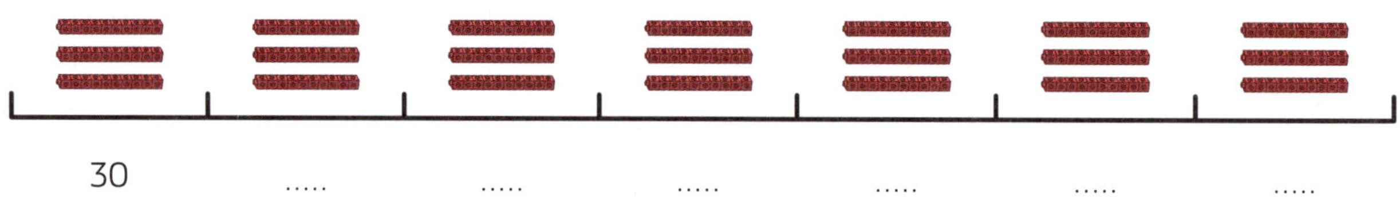

Fais tes recherches et tes opérations.

Écris la phrase réponse.

128 Problèmes du champ multiplicatif à étapes

Compétence : Résoudre des problèmes multiplicatifs à étapes.
Calcul mental : Trouver le double des centaines entières.
Photofiches : Parcours **A** p. 124 – Parcours **B** p. 125

Pour le spectacle de fin d'année, une directrice d'école installe **7 bancs de 5 places** et **3 bancs de 6 places** pour les parents.

Pour résoudre la 1re étape, regarde les informations en **rouge**.

Quel est le nombre total de places disponibles ?

1re étape : Combien de places y a-t-il sur les 7 bancs ?

Fais tes essais.

Écris l'opération.

....

Écris la phrase réponse.

2e étape : Écris la question.

Regarde maintenant les informations en bleu.

....

Fais tes essais.

Écris l'opération.

....

Écris la phrase réponse.

3e étape : Quel est le nombre total de places disponibles ?

Fais tes essais.

Écris l'opération.

....

Écris la phrase réponse.

129 Le nombre 1 000

Compétences : Découvrir le nombre 1 000. Connaître et utiliser diverses représentations du nombre 1 000. Utiliser la règle d'échange 10 centaines → 1 millier.
Calcul mental : Ajouter un nombre à 2 chiffres à un nombre à 3 chiffres avec retenue des unités sur les dizaines.
Photofiches : Parcours **A** p. 124 – Parcours **B** p. 125

1 Les parents de Lola achètent un lit et un bureau.
Calcule le prix à payer pour le lit et le bureau.

lit + bureau

.... + ... = ...

Complète.

Ensemble,
le lit et le bureau
coûtent .... euros.

2 Noé dessine le nombre 1 000 avec des plaques 100.

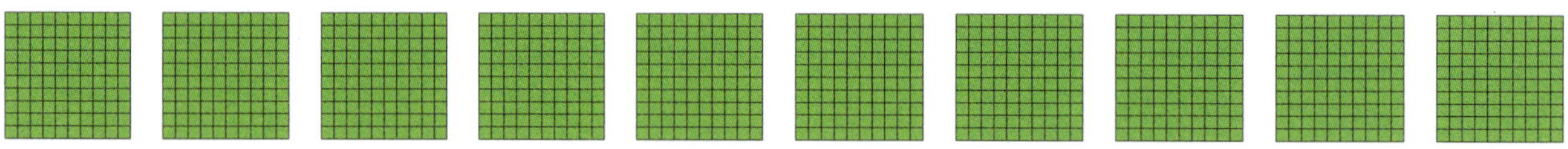

100 + ... = 1 000

Il y a .... centaines dans le nombre 1 000.

3 Lola et Noé jouent au jeu des 1 000 points.

100 points 200 points 300 points 400 points 500 points 600 points

Calcule le nombre de points obtenus par chaque enfant.

Lola

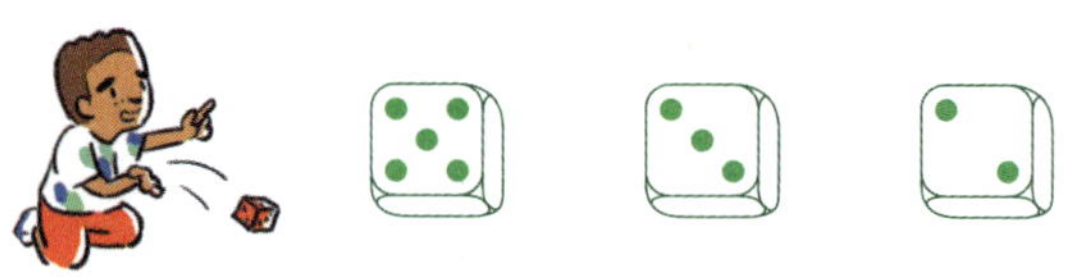

Noé

Écris l'addition des points de Lola.

.... + ... + ... = ...

Lola a fait .... points.

Écris l'addition des points de Noé.

.... + ... + ... = ...

Noé a fait .... points.

130 Les unités de longueur et leurs relations

Compétences : Découvrir le km et la relation km et m. Choisir l'unité de longueur (cm, m, km) correspondant le mieux pour exprimer une longueur.
Calcul mental : S'entraîner sur la table de multiplication par 10.
Photofiche : Parcours **A** et **B**, p. 126

1 Sur la route, Noé observe la mesure de 1 km entre deux bornes kilométriques. Il voit qu'il y a une petite borne tous les 100 mètres. **Complète** le schéma.

100 m 100 m 100 m ....

Écris l'opération et **complète**.

.... + ... + ... = ...

2 Le sportif veut courir 1 kilomètre exactement. Quel parcours doit-il choisir ? **Calcule** la longueur de chaque parcours.

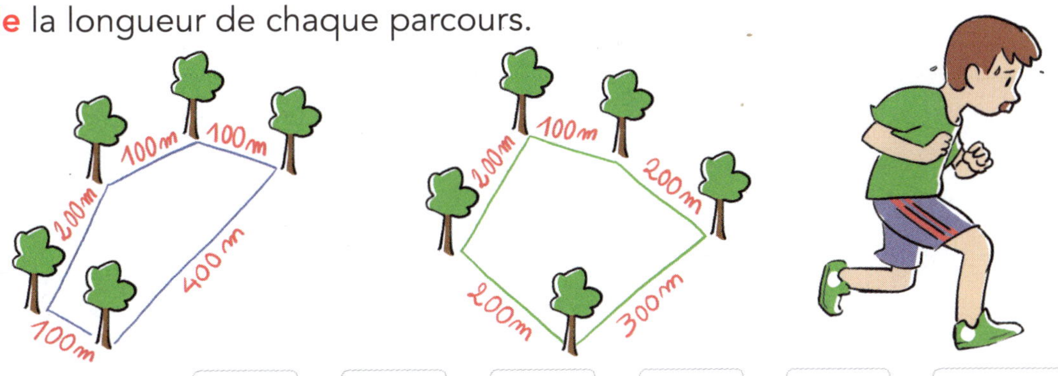

- le parcours bleu : .... + ... + ... + ... + ... = ...
- le parcours vert : .... + ... + ... + ... + ... = ...

Le sportif doit choisir ....

3 **Entoure** la réponse avec la bonne unité de mesure.

la distance entre Lyon et Marseille :	314 centimètres	314 mètres	314 kilomètres
la largeur du cahier :	21 centimètres	21 mètres	21 kilomètres
la longueur de la cour :	45 centimètres	45 mètres	45 kilomètres

4 **Complète** pour obtenir 1 kilomètre.

800 m + ... m = 1 km
500 m + ... m = 1 km
300 m + ... m = 1 km

500 m + 400 m + ... m = 1 km
250 m + 250 m + ... m = 1 km
300 m + 300 m + ... m = 1 km

131 Déplacements dans l'espace quadrillé (1)

Compétences : Utiliser et produire une suite d'instructions qui codent un déplacement sur un espace quadrillé en utilisant un vocabulaire spatial précis.
Calcul mental : Trouver le complément d'un nombre se terminant par 0 à la centaine supérieure, nombre compris entre 500 et 999.
Photofiches : Parcours **A** p. 127 – Parcours **B** p. 128

1

Noé joue sur son ordinateur.
Il utilise les 4 flèches de son clavier : haut, bas, droite, gauche.
Lorsqu'il appuie une fois, il se déplace d'un nœud.

Dessine le parcours qu'il a suivi pour que le carré rouge atteigne la croix.

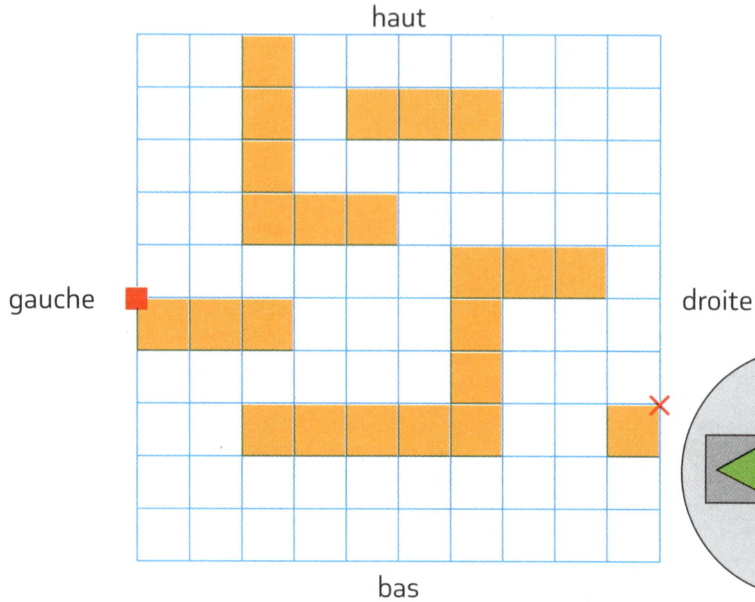

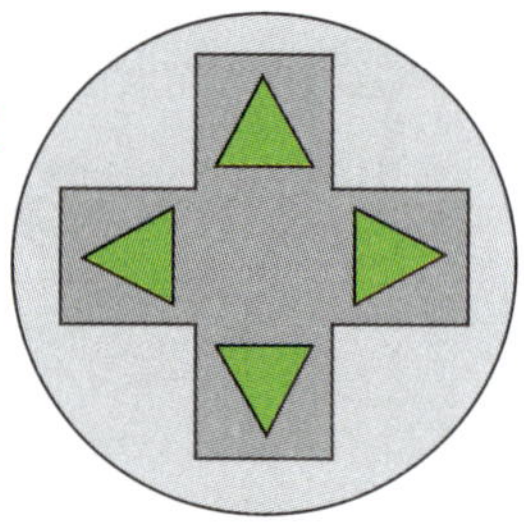

- 3 à droite
- 2 en bas
- 2 à droite
- 4 en haut
- 1 à gauche
- 2 en haut
- 3 à droite
- 3 en bas
- 2 à droite
- 3 en bas
- 1 à droite

2

Voici le chemin de Lola. **Écris** le codage de son parcours.

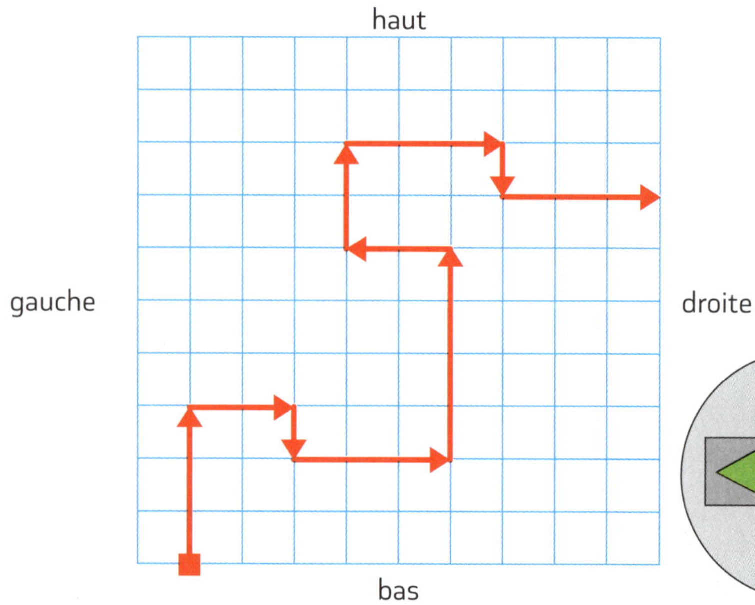

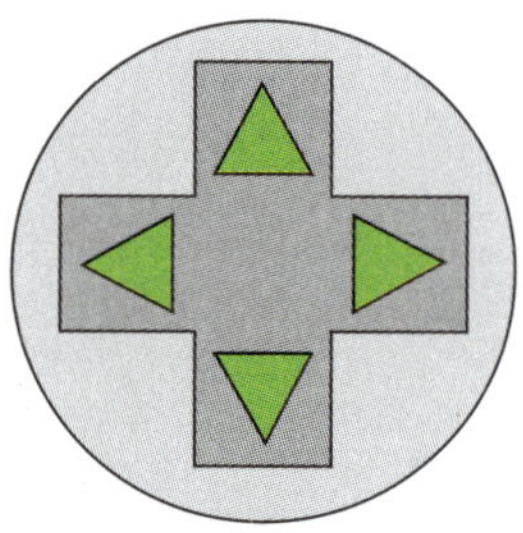

- ....
- ....
- ....
- ....
- ....
- ....
- ....
- ....
- ....
- ....

132 Déplacements dans l'espace quadrillé (2)

Compétence : Utiliser et produire une suite d'instructions qui codent un déplacement sur un espace quadrillé en utilisant un vocabulaire spaial précis : nord, sud, est et ouest.
Calcul mental : Trouver le plus petit nombre dans une liste de 3 nombres à 3 chiffres dits oralement.
Photofiches : Parcours **A** p. 127 – Parcours **B** p. 128

1 Noé a programmé son drone-hélicoptère pour photographier les villages de la région.
Trace le parcours qu'il a choisi en suivant les directions nord, sud, est ou ouest.

- N 7
- E 2
- N 2
- E 3
- S 5
- O 2
- S 2
- E 4
- S 2

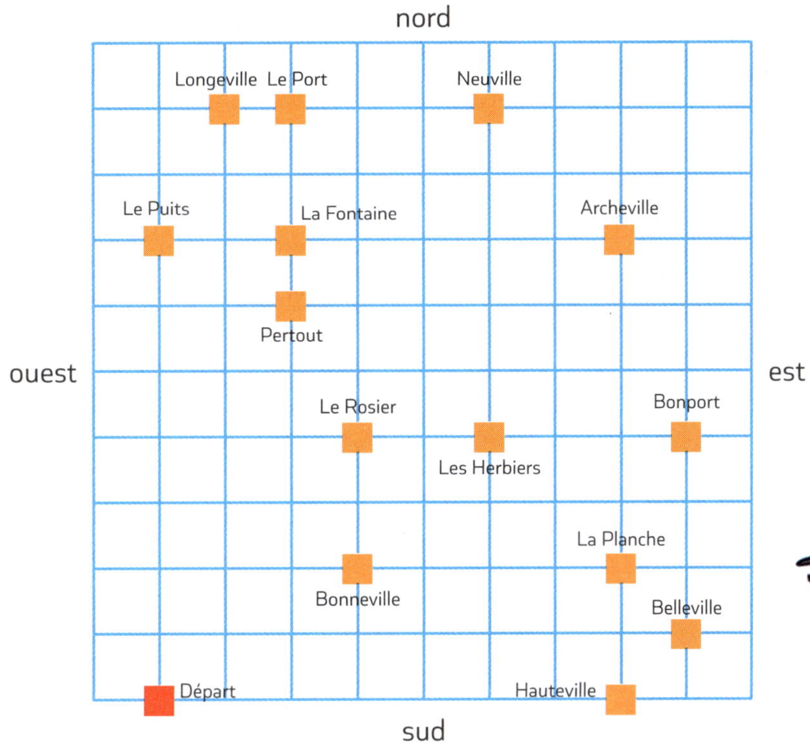

2 **Écris** le code que Noé doit programmer pour que le drone effectue cet itinéraire.

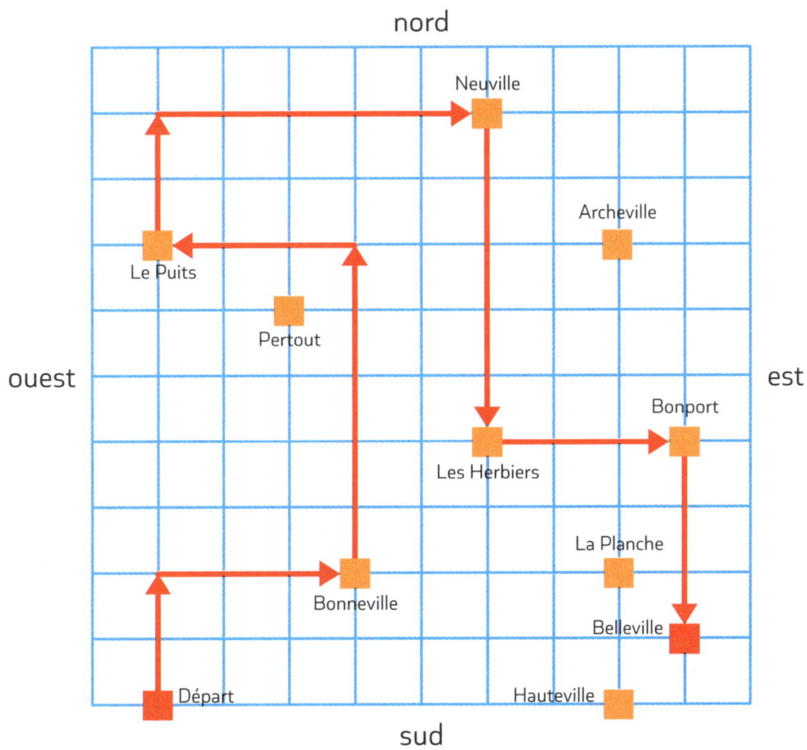

- ....
- ....
- ....
- ....
- ....
- ....
- ....
- ....
- ....

133 Problèmes pour apprendre à chercher (5)

Compétence : S'engager dans une démarche de résolution de problèmes en émettant des hypothèses, en les testant, en essayant plusieurs pistes, en exposant sa démarche de recherche.
Calcul mental : Trouver le complément d'une centaine entière à 1 000.

1 À qui sont les fruits ?

En faisant leurs courses, 4 clients ont acheté des fruits.
Pierre a acheté une masse égale à la somme de celle de Yanis et de celle d'Anna.
Anna a acheté une masse de fruits supérieure à celle de Yanis.
Émilie a acheté une masse de fruits du double de celle de Yanis.
Quels fruits chacun a-t-il achetés ?

....

2 Le message codé

Un agent veut utiliser ce code.
A = 1 + 10   B = 2 + 10   C = 3 + 10 etc.

Voici le message codé qu'il vient d'envoyer à Lola, Samia et Noé.
Décode-le.

Fais tes essais.

30 – 25 – 24   30 – 28 – 11 – 32 – 11 – 19 – 22

....

15 – 29 – 30   26 – 11 – 28 – 16 – 11 – 19 – 30

....

Calcul mental

....

1 Range les nombres dans l'ordre décroissant (du plus grand au plus petit).

259 682 706 953 824 559

...... > ...... > ...... > ...... > ...... > ......

2 Compare avec **<** ou **>**.

943 832	985 958
745 669	462 432
906 706	947 949

3 Trace le triangle rectangle en te servant de l'équerre.

AC = 4 cm

4 Complète ces multiplications qui ont le même résultat.

.... × 2 = 16

2 × .... = 16

.... × .... = ... × .... = ...

.... × 2 = 20

.... × .... = 20

.... × .... = ... × .... = ...

5 Calcule.

9 × 10 = ...	15 × 10 = ...
27 × 10 = ...	31 × 10 = ...
19 × 10 = ...	20 × 10 = ...

6 Complète.

500 m + ... m = 1 km

200 m + ... m = 1 km

300 m + 300 m + ... m = 1 km

7 Dans la bibliothèque, il y a 4 étagères. Sur chaque étagère, il y a 25 livres. Combien y a-t-il de livres en tout ? **Complète.**

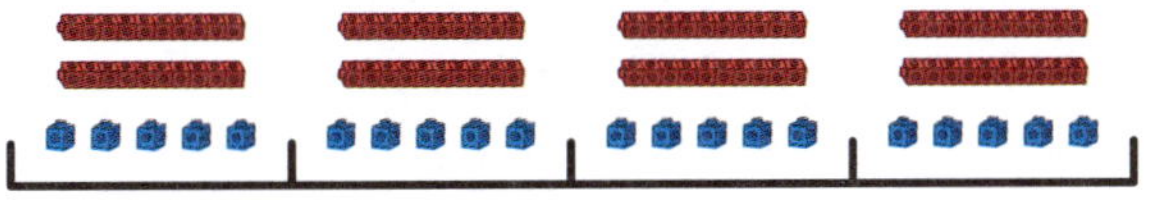

25 ....

Écris l'opération.

....

Écris la phase réponse. ....

135 « Chiffre des... » et « nombre de... »

…… …… …… …… ……

Compétence : Différencier le « chiffre des... » (unités de numération c/d/u) et le « nombre de... ».
Calcul mental : S'entraîner sur la table de multiplication par 10.
Photofiche : Parcours **A** et **B**, p. 128

1 Pour le goûter de fin d'année du club de gymnastique, chaque participant reçoit un rouleau de 10 bonbons. Tous les rouleaux sont distribués.
Combien y a-t-il de participants ? **Complète**.

640 bonbons

…… rouleaux + …… rouleaux = ……

…… rouleaux ont été distribués. Il y a …… participants.

2 Lola et Noé dessinent le même nombre de deux manières différentes.

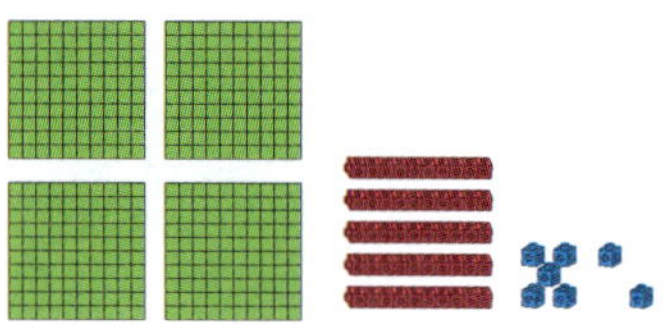

…… centaines …… dizaines …… unités

C'est le nombre ……

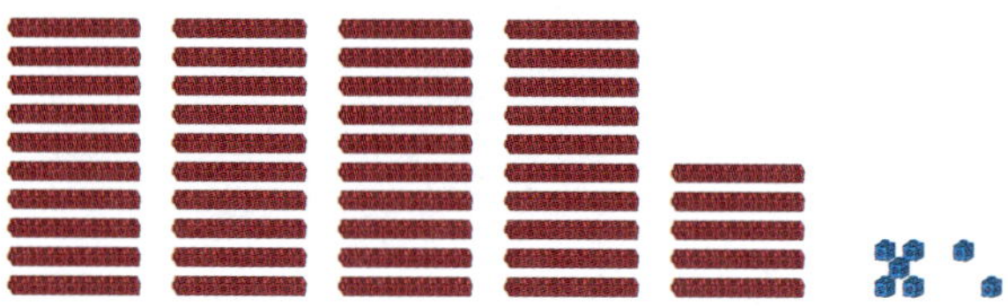

…… dizaines …… unités

C'est le nombre ……

…… est le chiffre des centaines. …… est le chiffre des dizaines.
…… est le chiffre des unités. Le nombre …… comporte …… dizaines.

3 **Complète**.

- 1 centaine = …… dizaines
- 4 centaines = …… dizaines
- 5 centaines et 3 dizaines = …… dizaines
- 2 centaines et 5 dizaines = …… dizaines
- 1 centaine et 3 dizaines = …… dizaines
- 9 centaines = …… dizaines
- 7 centaines = …… dizaines
- 6 centaines et 9 dizaines = …… dizaines

4 **Entoure** le chiffre des dizaines de chaque nombre.

6 9 7 8 5 2 2 8 3 7 5 1

136 Le rôle du zéro dans le nombre

Compétence : Comprendre le rôle du zéro dans la numération décimale.
Calcul mental : Ajouter un nombre à 2 chiffres à un nombre à 3 chiffres en 2 étapes avec retenue des unités sur les dizaines.
Photofiche : Parcours **A** et **B**, p. 130

1 **Complète** les tableaux de numération et **écris** les nombres en lettres.

c	d	u
.	.	.

....

....

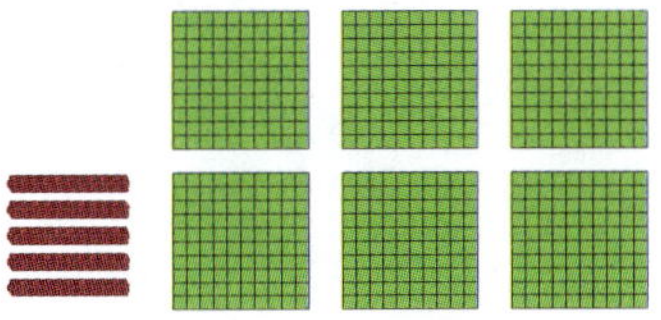

c	d	u
.	.	.

....

....

4 dizaines et 3 centaines

c	d	u
.	.	.

....

....

5 unités et 6 centaines

c	d	u
.	.	.

....

....

2 **Écris** ces nombres en chiffres. Tu peux t'aider d'un tableau de numération.

6 c et 2 u : ....

9 c et 1 d : ....

5 c et 8 u : ....

7 c et 9 d : ....

8 c et 4 u : ....

7 c et 3 u : ....

3 **Écris** tous les nombres compris entre 300 et 400 qui ont 0 comme chiffre des unités.

....

....

....

4 **Écris** tous les nombres compris entre 600 et 700 qui ont 0 comme chiffre des dizaines.

....

....

....

5 **Écris** tous les nombres compris entre 0 et 999 qui ont 0 comme chiffre des dizaines et comme chiffre des unités.

....

137 La symétrie (1)

Compétence : Découvrir la symétrie et l'axe de symétrie.
Calcul mental : Réciter la suite des 15 nombres qui suivent un nombre ≤ 985.
Photofiche : Parcours **A** et **B**, p. 131

1 **Suis** ces étapes pour obtenir des taches de couleur symétrique.

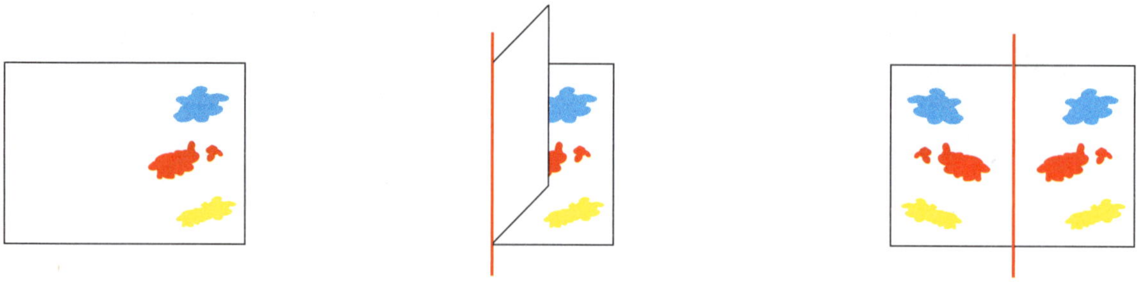

1. Fais une ou plusieurs taches de peinture d'un côté de la feuille blanche.

2. Plie la feuille en deux. Appuie fort sur la feuille.

3. Déplie la feuille et trace en rouge la pliure.

2 Noé a plié son carré et a trouvé un axe de symétrie.

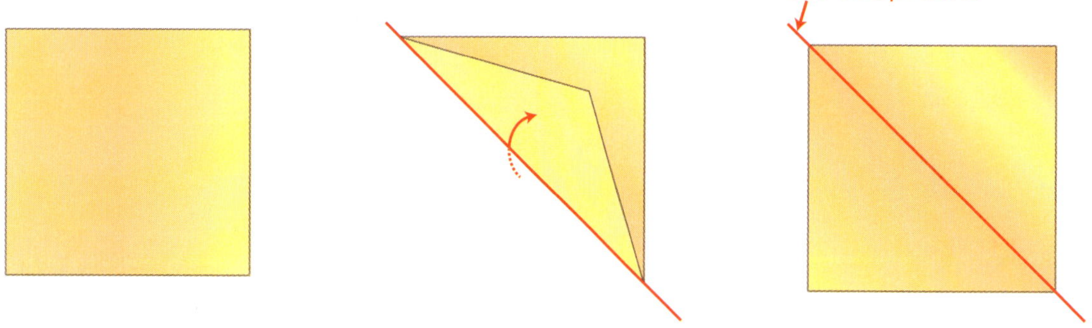

Détache les 3 carrés du matériel page 5.
Réalise d'autres pliages pour trouver les 3 autres axes de symétrie du carré.
Trace-les en rouge sur les carrés ci-dessous.

138 La symétrie (2)

Compétence : Compléter sur papier quadrillé le symétrique d'une figure simple par rapport à un axe donné.
Calcul mental : Trouver le complément à 1 000 d'un nombre de type 960.

1 Lola veut compléter cette figure pour qu'elle soit symétrique par rapport à l'axe rouge.

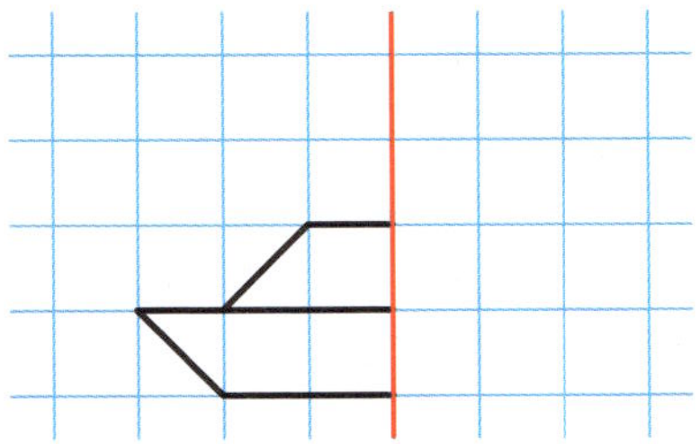

Observe sa démarche.

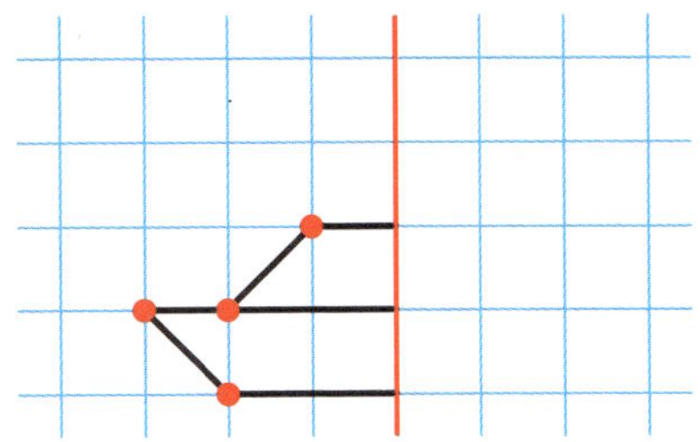

1. Je compte le nombre de carreaux entre chaque point et l'axe de symétrie rouge.

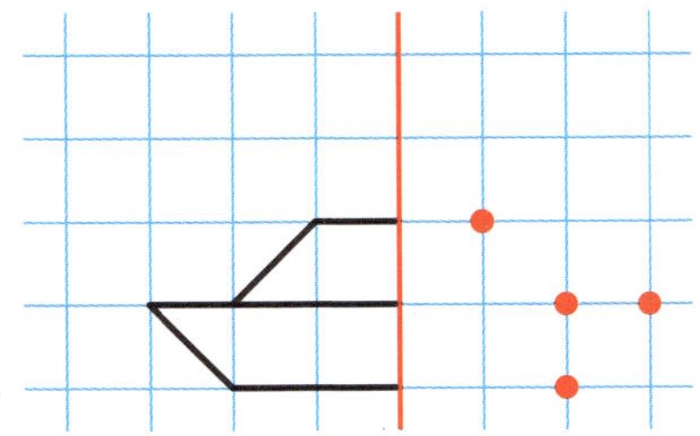

2. Je compte le même nombre de carreaux de l'autre côté de l'axe rouge pour placer les points symétriques.

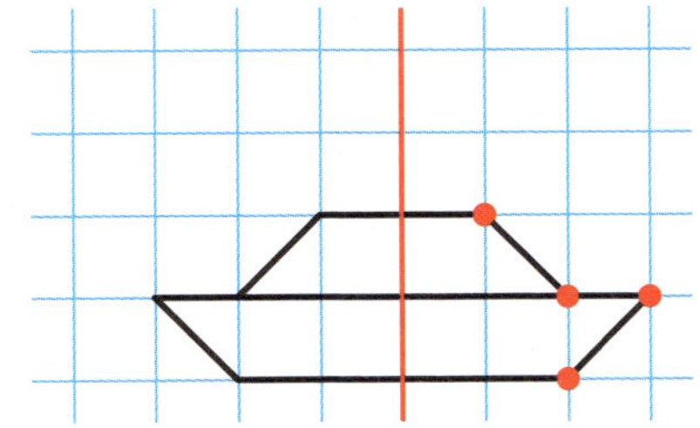

3. Je relie les points à la règle.

2 Comme Lola, **complète** chaque figure pour qu'elle soit symétrique par rapport à l'axe de symétrie.

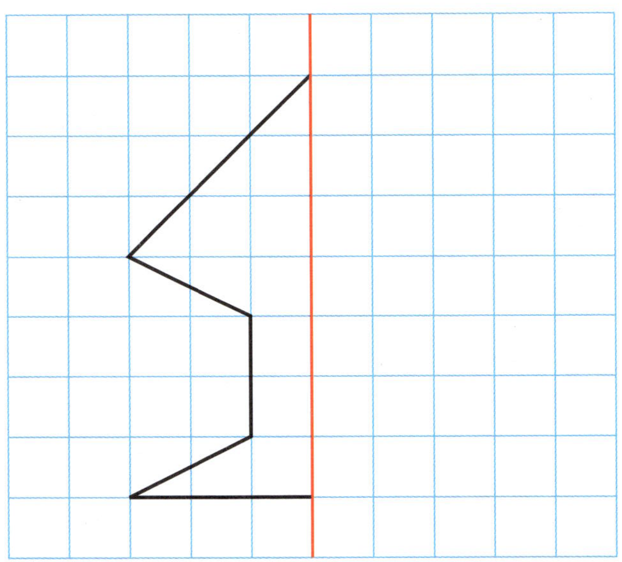

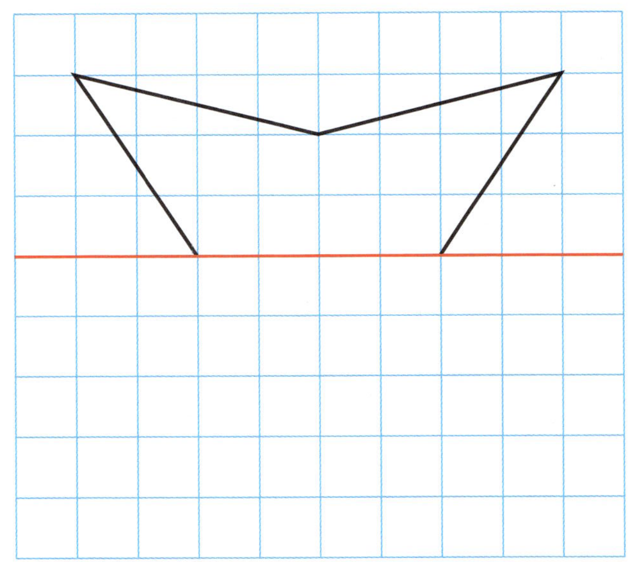

139 Calcul en ligne : organiser les termes d'une somme pour faciliter le calcul

Compétences : Découvrir et utiliser deux stratégies de calcul pour additionner 2 nombres à 3 chiffres en ligne.
Calcul mental : S'entraîner sur les tables de multiplication par 2 et 4.
Photofiches : Parcours A p. 132 – Parcours B p. 133

....

1 Lola et Noé calculent **354 + 235**, sans poser l'opération en colonnes. Chacun organise le calcul à sa façon. **Complète** leur travail.

- Lola décompose les deux nombres en centaines, dizaines et unités.

300 + 50 + 4 + 200 + 30 + 5

.... + ... + ... = ...

- Noé ne décompose que le 2nd nombre.

Il ajoute d'abord 200 : 354 + 200 = ...

puis 30 : .... + 30 = ...

et 5 : .... + 5 = ...

2 **Calcule** comme Lola : **251 + 327**.

200 + 50 + ... + 300 + 20 + ...

.... + ... + ... = ...

Calcule comme Noé : **542 + 236**.

542 + 200 = ...

.... + ... = ...

.... + ... = ...

3 **Calcule** avec la méthode de ton choix : **452 + 241**.

....

....

....

140 Révisions : additions et soustractions posées

Compétences : Poser et calculer des additions et des soustractions avec et sans retenue.
Calcul mental : Réciter la suite des nombres qui précèdent un nombre ≤ 1 000.
Photofiches : Parcours **A** p. 134 – Parcours **B** p. 135

1 Les résultats de ces additions te donneront les masses de ces animaux des bois.
Calcule ces additions posées.

```
   3 5
+  5 4
------
```

```
   4 7
+  2 6
------
```

```
   3 8
+  2 9
+  2 7
------
```

2 Les résultats de ces soustractions te donneront les masses de ces animaux domestiques.
Pose les opérations et **calcule**.

98 – 63

64 – 48

85 – 79

3 **Pose** et **calcule** ces additions.

442 + 251

236 + 124

139 + 248 + 346

4 **Pose** et **calcule** ces soustractions.

924 – 49

993 – 206

542 – 278

141 Révisions des nombres < 1 000

Compétences : Lire et écrire en chiffres et en lettres des nombres ≤ 999. Utiliser diverses représentations d'un nombre. Connaître la valeur de chaque chiffre en fonction de sa position dans le nombre.
Calcul mental : Retirer un nombre à 2 chiffres à un nombre à 3 chiffres en 2 étapes sans retenue.
Photofiches : Parcours A p. 136 – Parcours B p. 137

1 Le code secret pour ouvrir le cadenas de la malle est l'un des nombres suivants. Ce nombre contient deux fois le même chiffre, mais n'a pas de 6.

Entoure le bon code et **écris**-le en chiffres.

sept cent trente-huit	huit cent quatre-vingt-douze
neuf cent cinquante-six	deux cent quatre
quatre cent trente	neuf cent quatre-vingt-dix
trois cent vingt-quatre	six cent soixante-seize
cinq cent quatre-vingt-onze	

C'est le nombre ....

2 **Décompose** ces nombres en centaines, dizaines et unités.

642 = 600 + 40 + ...
784 = 700 + ... + ...
938 = ... + ... + ...
730 = ...
807 = ...
650 = ...

3 **Écris** ces nombres en chiffres.

3 d 8 c 1 u : ....
4 c 8 u 7 d : ....
9 u 5 c 4 d : ....
3 u 0 d 5 c : ....
8 c 0 u 4 d : ....
0 d 9 c 1 u : ....

4 **Écris** en chiffres ces nombres dont les mots sont écrits dans le désordre.
Attention ! il peut y avoir deux réponses possibles.

quarante cent deux huit : ....
huit quatre trois dix vingt cent : ....
trois quatre sept vingt cent : ....
neuf quatorze cent soixante : ....

142 Comparaison des nombres < 1 000

Compétences : Comparer, encadrer et ordonner des nombres ≤ 999. Utiliser les signes < et >.
Calcul mental : Additionner 3 nombres dont 2 sont des centaines entières.
Photofiches : Parcours **A** p. 138 – Parcours **B** p. 139

......	......	......	......	......

1 Lola et Noé font plusieurs parties de jeu vidéo.
Compare leurs scores avec **<** ou **>** et **entoure** le nom du gagnant de chaque partie.

	Lola		Noé		Lola		Noé
1re partie :	538	....	599	**2e partie :**	634	....	684
3e partie :	758	....	719	**4e partie :**	917	....	919

Quel est le meilleur score réalisé sur les 4 parties ? .... Par qui ? ....

2 Lors d'une partie, Théo a fait un score de 627, Noé 643, Samia 578, Lola 701 et Léa 644. **Range** les enfants et leur score dans l'ordre décroissant.

	1er et vainqueur	2e	3e	4e	5e et dernier
scores	....	....	....	....	....
enfant	....	....	....	....	....

3 **Compare** ces nombres avec **<**, **>** ou **=**.

635 ..... 600 + 30 + 5
943 ..... 900 + 40 + 2
773 ..... 700 + 60 + 13

798 ..... 700 + 80 + 8
695 ..... 600 + 80 + 15
578 ..... 500 + 70 + 18

4 **Encadre** ces nombres entre des centaines entières.

.... < 694 < ....
.... < 536 < ....
.... < 809 < ....

.... < 249 < ....
.... < 729 < ....
.... < 954 < ....

5 **Écris** le nombre qui suit.

499 < ....
539 < ....
959 < ....

6 **Écris** le nombre qui précède.

.... > 500
.... > 610
.... > 800

143

Problèmes du champ additif ou multiplicatif (1)

Compétence : Résoudre des problèmes du champ additif ou multiplicatif.
Calcul mental : Trouver le double de centaines entières.
Photofiches : Parcours **A** p. 140 – Parcours **B** p. 141

1 La bibliothèque de l'école contient 234 livres. La directrice achète 43 livres et des parents d'élèves en donnent 17 supplémentaires.
Combien de livres la bibliothèque contient-elle désormais ?

Fais tes essais.

Écris l'opération en ligne.

....

Écris la phrase réponse.

....

....

2 Lola arrose ses fleurs avec un arrosoir qui peut contenir 4 L d'eau.
La cuve du jardin en contient 36 L.
Combien d'arrosoirs peut-elle remplir ?

Fais tes essais.

Écris l'opération en ligne.

....

Écris la phrase réponse.

....

....

3 Pour aller chercher le pain et le journal, Papa fait 5 km à vélo aller-retour.
Il fait ce trajet tous les jours.
Quelle distance parcourt-il en une semaine entière ?

Fais tes essais.

Écris l'opération en ligne.

....

Écris la phrase réponse.

....

....

144 Problèmes du champ additif ou multiplicatif (2)

Compétence : Résoudre des problèmes du champ additif ou multiplicatif.
Calcul mental : S'entraîner sur les tables de multiplication de 3 et 5.
Photofiches : Parcours **A** p. 140 – Parcours **B** p. 141

1 La libraire vend 15 bandes dessinées au prix de 10 € la BD.
Quelle somme d'argent la vente de ces BD lui rapporte-t-elle ?

Fais tes essais.

Écris l'opération en ligne.

....

Écris la phrase réponse.

....

....

2 Le train quitte la gare avec 248 passagers à bord. À la 1re gare suivante, 291 personnes montent et personne ne descend. À la 2e gare, 123 personnes descendent sans que personne ne monte.
Combien de personnes poursuivent le voyage en train ?

1re étape : la 1re gare.
Écris la question qui correspond à cette 1re étape.

....

Résous ce 1er problème.

Fais tes essais.

Écris l'opération en ligne.

....

Écris la phrase réponse.

....

....

2nde étape : la 2nde gare.
Écris la question qui correspond à cette 2nde étape.

....

Résous le 2nd problème.

Fais tes essais.

Écris l'opération en ligne.

....

Écris la phrase réponse.

....

....

145 Les solides

Compétence : Reconnaître les solides usuels : cube, pavé droit, boule, cône, pyramide.
Calcul mental : Trouver le complément à la centaine supérieure d'un nombre ≥ 900 se terminant par 5.

1 **Barre** les objets qui ont une ou plusieurs faces courbes.

2 **Entoure** les solides qui ont toutes leurs faces planes carrées ou rectangulaires.

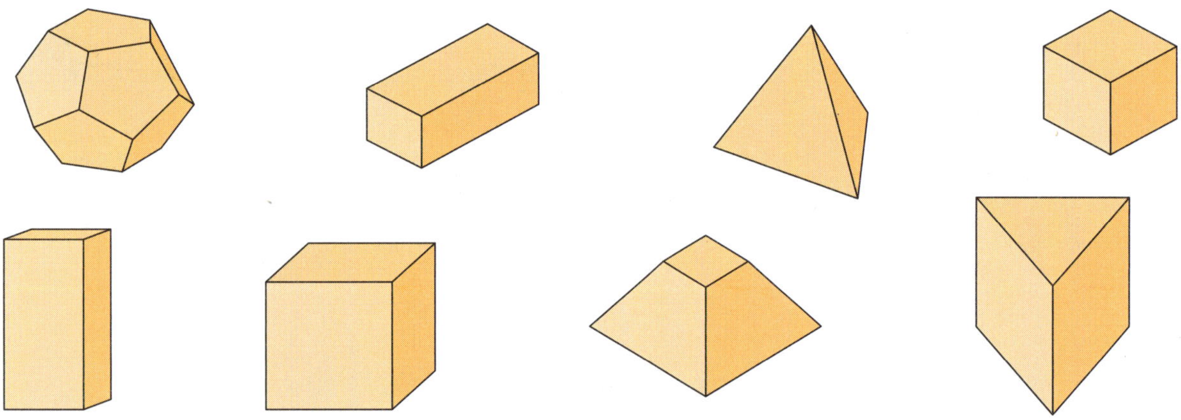

3 « Qui suis-je ? » **Complète** avec le nom du solide qui convient.

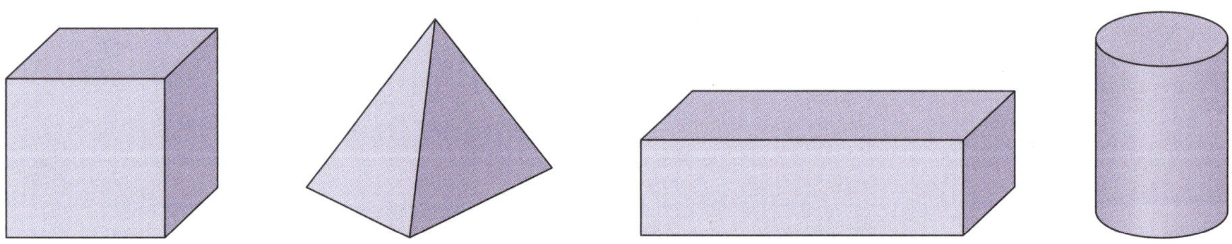

cube — pyramide — pavé droit — cylindre

- « J'ai des faces rectangulaires. Je suis .... »
- « J'ai des faces triangulaires. Je suis .... »
- « J'ai toutes mes faces carrées. Je suis .... »
- « Certaines de mes faces sont des cercles. Je suis .... »

146 Le cube et le pavé droit

Compétences : Reconnaître et décrire le cube et le pavé droit avec le vocabulaire approprié.
Calcul mental : Donner le nombre de dizaines ou le chiffre des dizaines dans un nombre à 3 chiffres.
Photofiches : Parcours **A** p. 142 – Parcours **B** p. 143

1 **Observe** le cube.

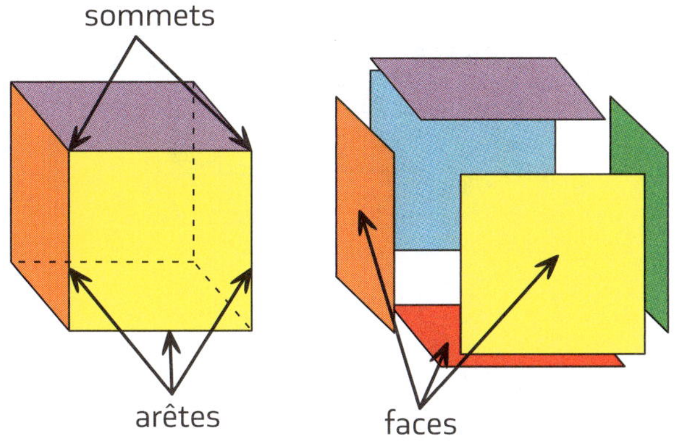

2 **Observe** le pavé droit.

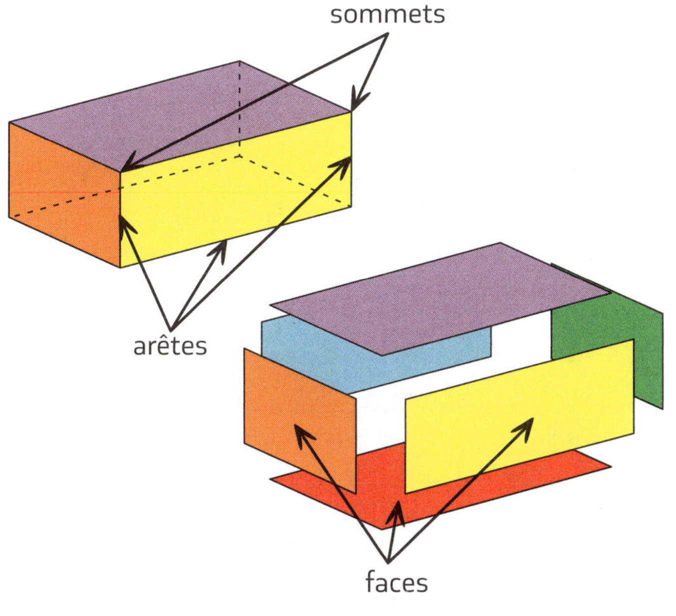

3 **Complète** les phrases.

- Les faces du cube sont des ....

  Il a .... faces, ... sommets et .... arêtes.

- Les faces du pavé droit sont des ....

  Il a .... faces, ... sommets et .... arêtes.

147 Les mesures de masse (3) : relation kg et g

Compétence : Connaître la relation kg et g.
Calcul mental : Trouver le nombre qui précède un nombre de centaines entières ou un nombre de 3 chiffres avec dizaines entières.
Photofiche : Parcours **A** et **B**, p. 144

[.....] [.....] [.....] [.....] [.....]

1 Lola pèse la pastèque. Elle utilise soit le kilogramme, soit les grammes.
Complète.

La pastèque pèse .... kg.

[.....] + [.....] = [.....]

La pastèque pèse .... g.

1 kilogramme = [.....] grammes

2 **Calcule** différentes façons d'obtenir 1 kilogramme (1 000 g).

200 + [.....] + [.....] + [.....] + [.....]

[.....] + [.....] + [.....] + [.....]

3 **Dessine** les masses marquées qui manquent pour obtenir 1 kg.
Écris et **calcule** l'addition des masses marquées en grammes.

....

....

Complète les sauts faits par Litchi.

–.....	–.....	–.....	–.....	–.....	–.....	–.....	
80	180	190	290	300	600	700	900

148 Les mesures de masse (4)

Compétences : Additionner, comparer et ordonner des masses exprimées en g ou kg.
Calcul mental : S'entraîner sur les tables de multiplication par 5 et 10.
Photofiche : Parcours **A** et **B**, p. 144

......	......	......	......	......

1 **Échange** 1 000 g contre 1 kg.

Quelle est la masse totale de l'ensemble des masses marquées ?

L'ensemble des masses marquées pèse ....

2 **Compare** ces masses avec **<** ou **>**.

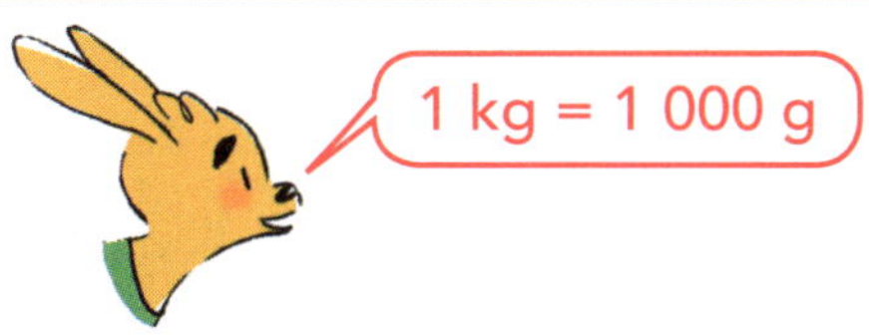

481 g	.....	742 g	1 000 g	.....	999 g
15 g	.....	1 kg	895 g	.....	2 kg
29 kg	.....	18 kg	64 kg	.....	265 g

3 **Range** ces masses de la plus légère à la plus lourde.

2 kg | 9 kg | 42 kg | 725 kg | 1 kg | 99 g

....	....	....	....	....	....

4 Samia a acheté 1 kilogramme de cerises au marché. Lola en a acheté 750 grammes.
Qui a acheté le plus de cerises ?
Écris ta réponse et **justifie**-la.

149 La pyramide

Compétences : Reconnaître et décrire la pyramide avec le vocabulaire approprié.
Calcul mental : Ajouter un nombre à 2 chiffres à un nombre à 3 chiffres.

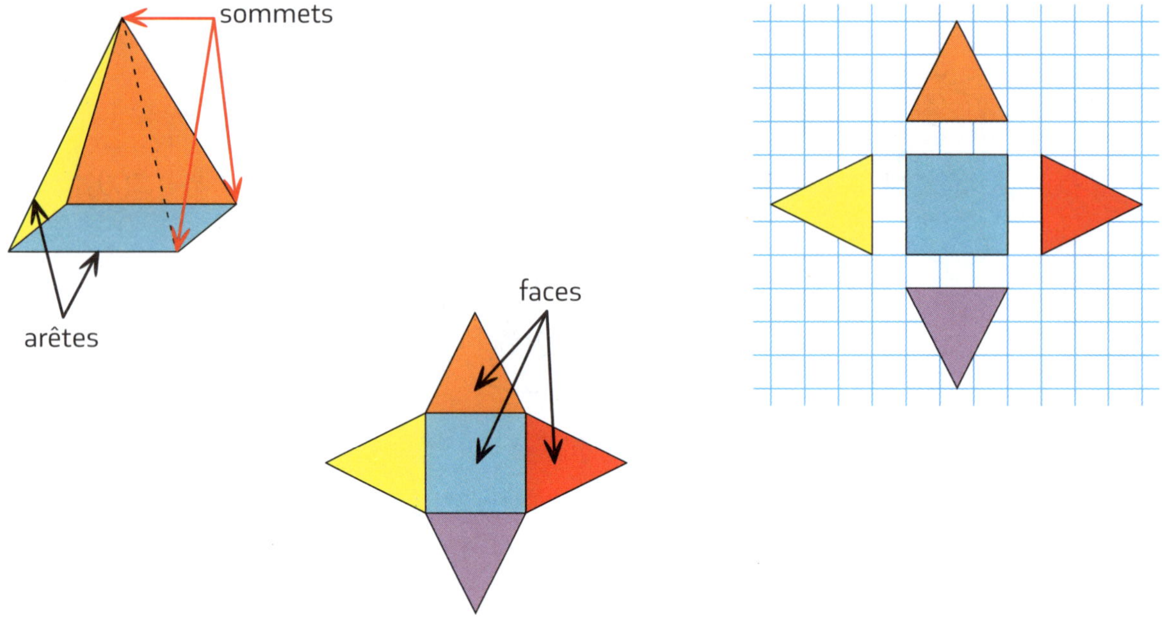

1 **Complète** ces phrases.

- Les faces de la pyramide sont des .... et 1 ....
- La pyramide a .... faces.

Complète ce tableau.

Nombre de faces de la pyramide	Nombre de sommets de la pyramide	Nombre d'arêtes de la pyramide
....	....	....

2 **Colorie** ces cubes en jaune, ces pavés droits en vert et ces pyramides en bleu.

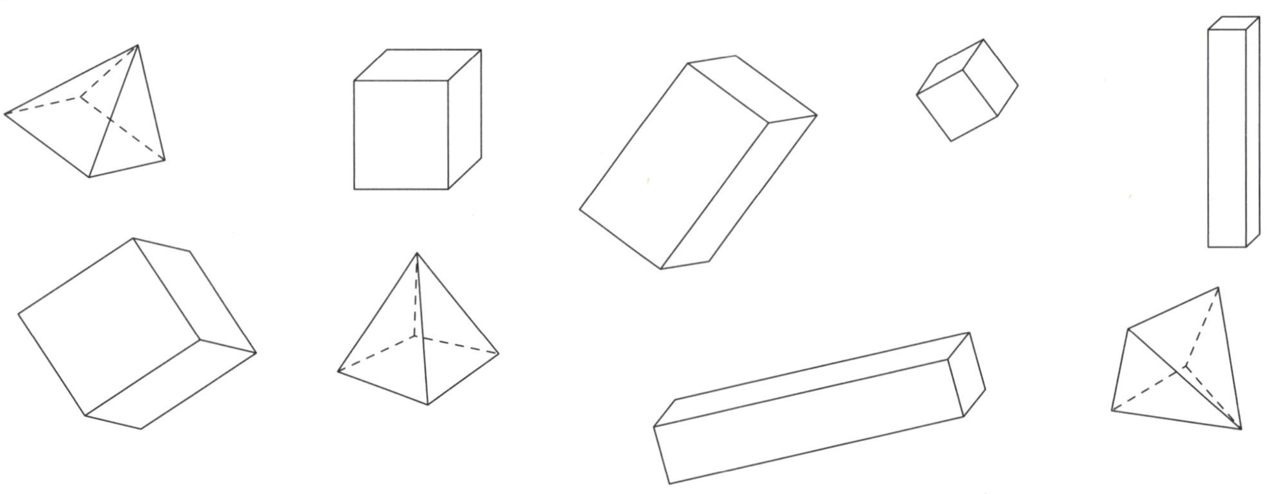

150 Les mots pour exprimer les mesures

Compétence : Connaître les mots à utiliser pour exprimer des mesures.
Calcul mental : Retirer un nombre à 2 chiffres à un nombre à 3 chiffres sans retenue.

....

1 **Relie** chaque dessin au verbe correspondant.

mesurer • peser • contenir • lire l'heure • calculer une durée

2 **Écris** l'unité de mesure qui convient sous chaque dessin :
mètre – kilomètre – centimètre – gramme – kilogramme – litre – heure

....

....

....

....

....

....

....

3 **Complète** ces phrases avec les mots suivants : *distance, longueur, masse, contenance, horloge.*

- La pomme a une .... de 150 g.
- La .... entre Paris et Lyon est de 465 km.
- Il est 10 h à l' .... de la mairie.
- Ce récipient a une .... de 10 L.
- La cour a une .... de 40 m.

Révisions (10)

Calcul mental

....	....	....	....	....	....

1 **Entoure** le chiffre des dizaines de chaque nombre.

9 1 7 8 4 1 5 6 2 7 0 8

2 **Entoure** le nombre de dizaines dans chaque nombre.

5 0 3 9 6 4 7 5 9 2 5 1 8 5 2

3 **Écris** ces nombres en chiffres.

7 c et 5 u : ....

8 c et 3 d : ....

9 c et 2 u : ....

3 c et 8 d : ....

4 **Compare** ces masses avec **<** ou **>**.

1 000 g ..... 888 g

983 g ..... 1 kg

802 g ..... 796 g

956 kg ..... 848 kg

5 **Complète** cette figure pour qu'elle soit symétrique par rapport à l'axe de symétrie.

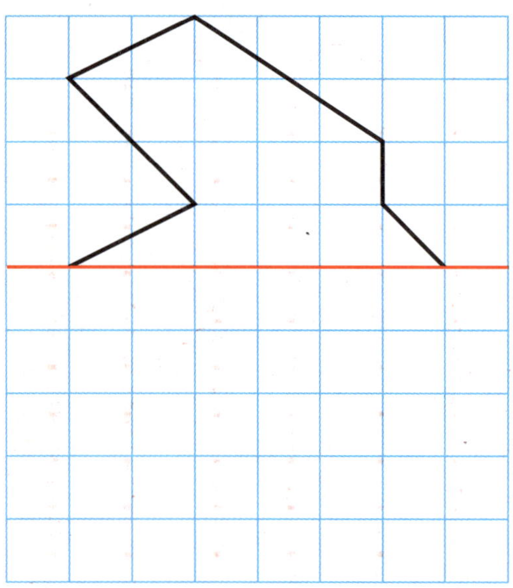

6 **Pose** et **calcule** ces opérations.

485 + 276

623 – 459

7 **Colorie** les **cubes** en **vert**, les **pavés droits** en **bleus** et les **pyramides** en **orange**.

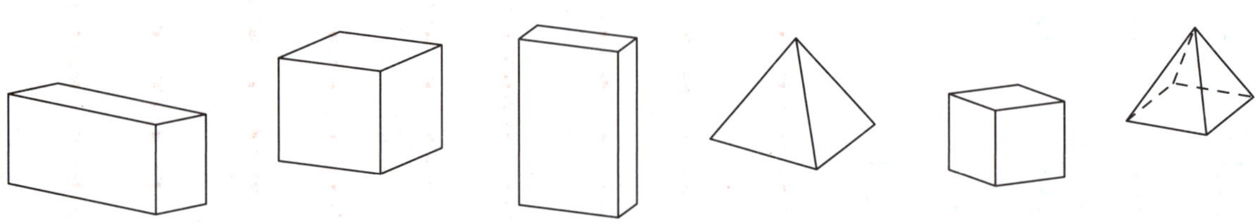

Imprimé en Italie par STIGE
Dépôt légal : Février 2019 - Collection n° 47 - Édition n° 01
51/8920/8

Matériel page 1

Les unités et les dizaines

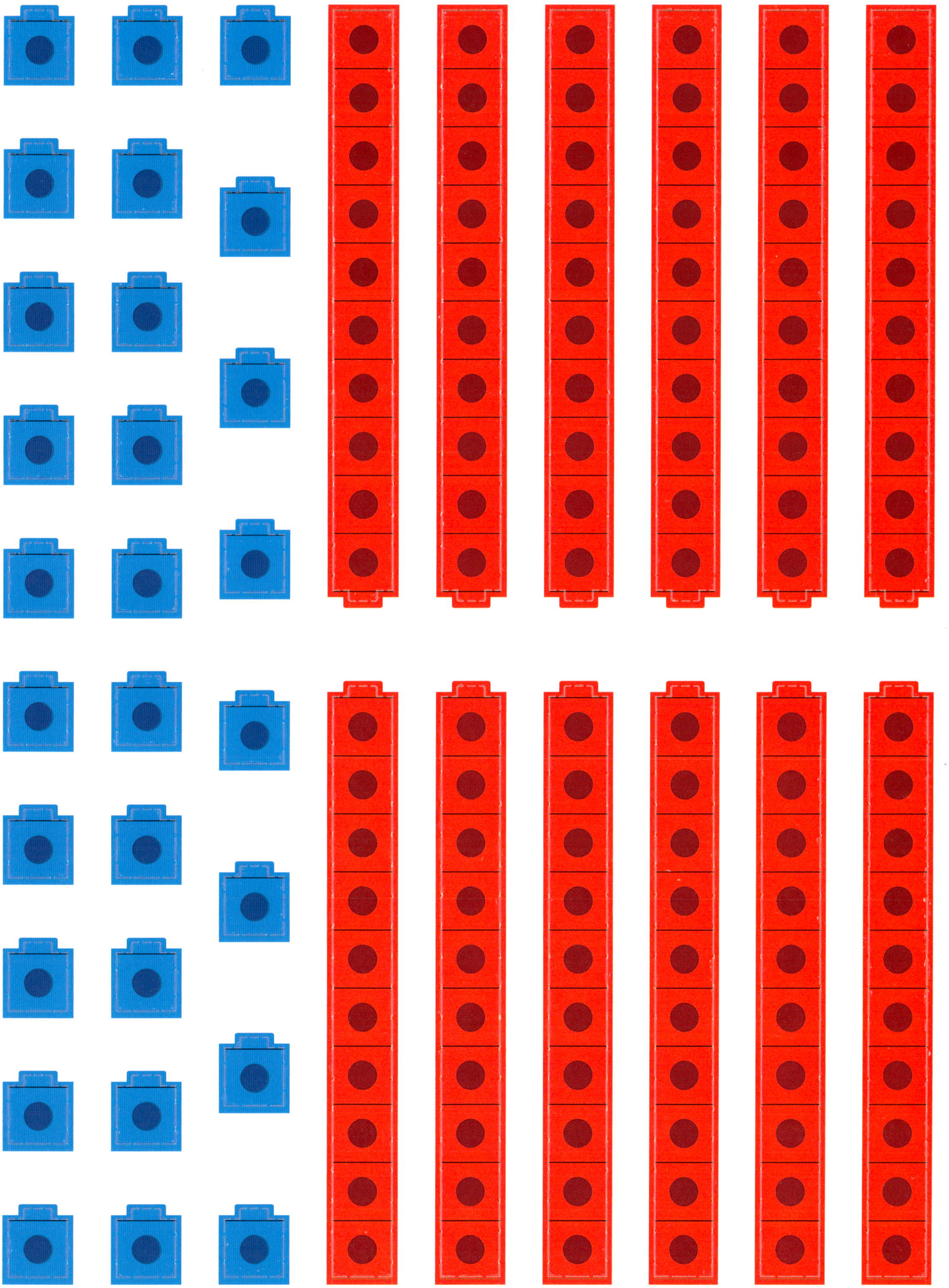

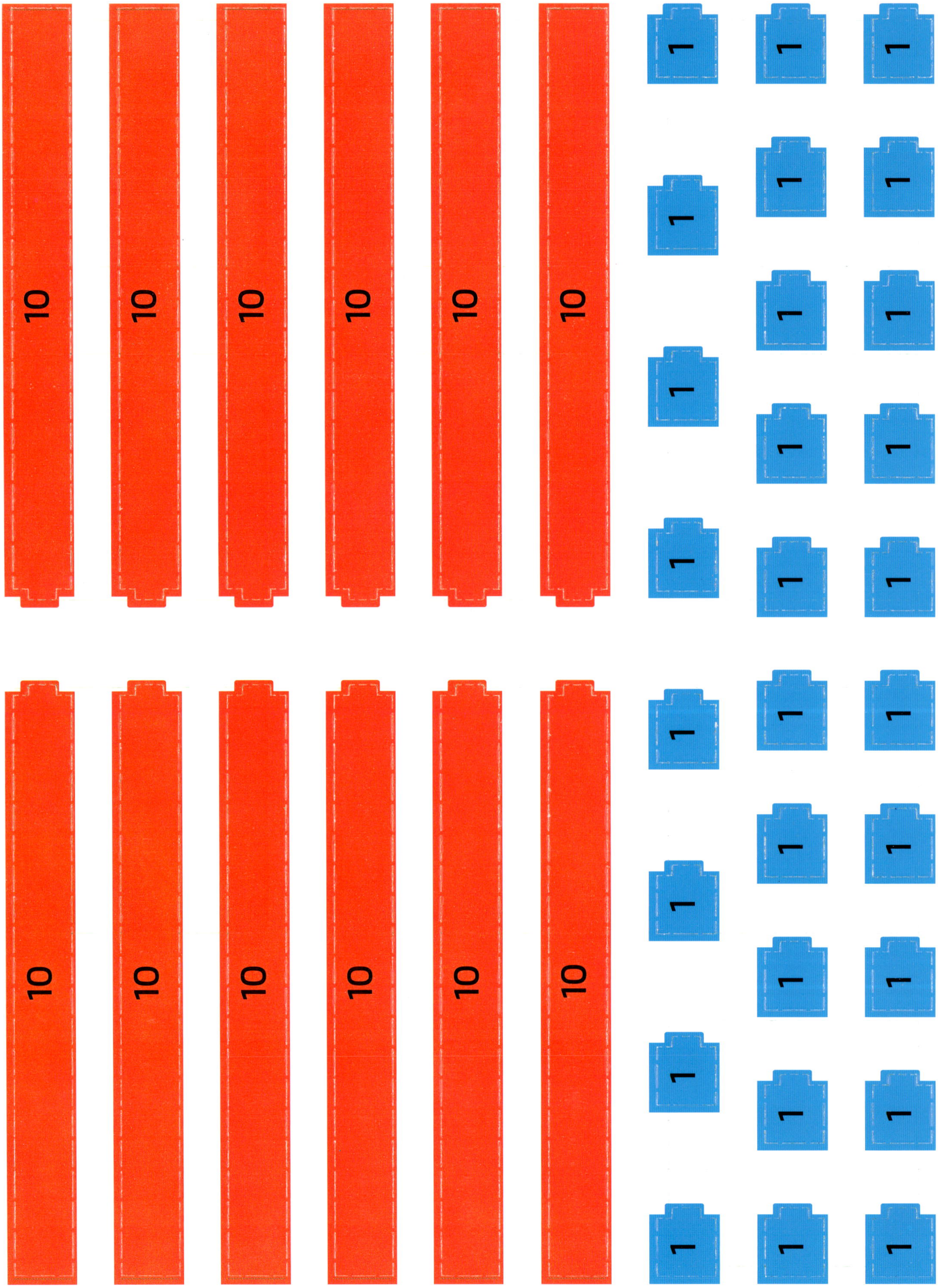
10
10
10
10
10
10
10
10
10
10
10
10
1
1
1
1
1
1
1
1
1
1
1
1
1
1
1
1
1
1
1
1
1
1
1
1
1
1
1
1

Matériel page 2

Les centaines

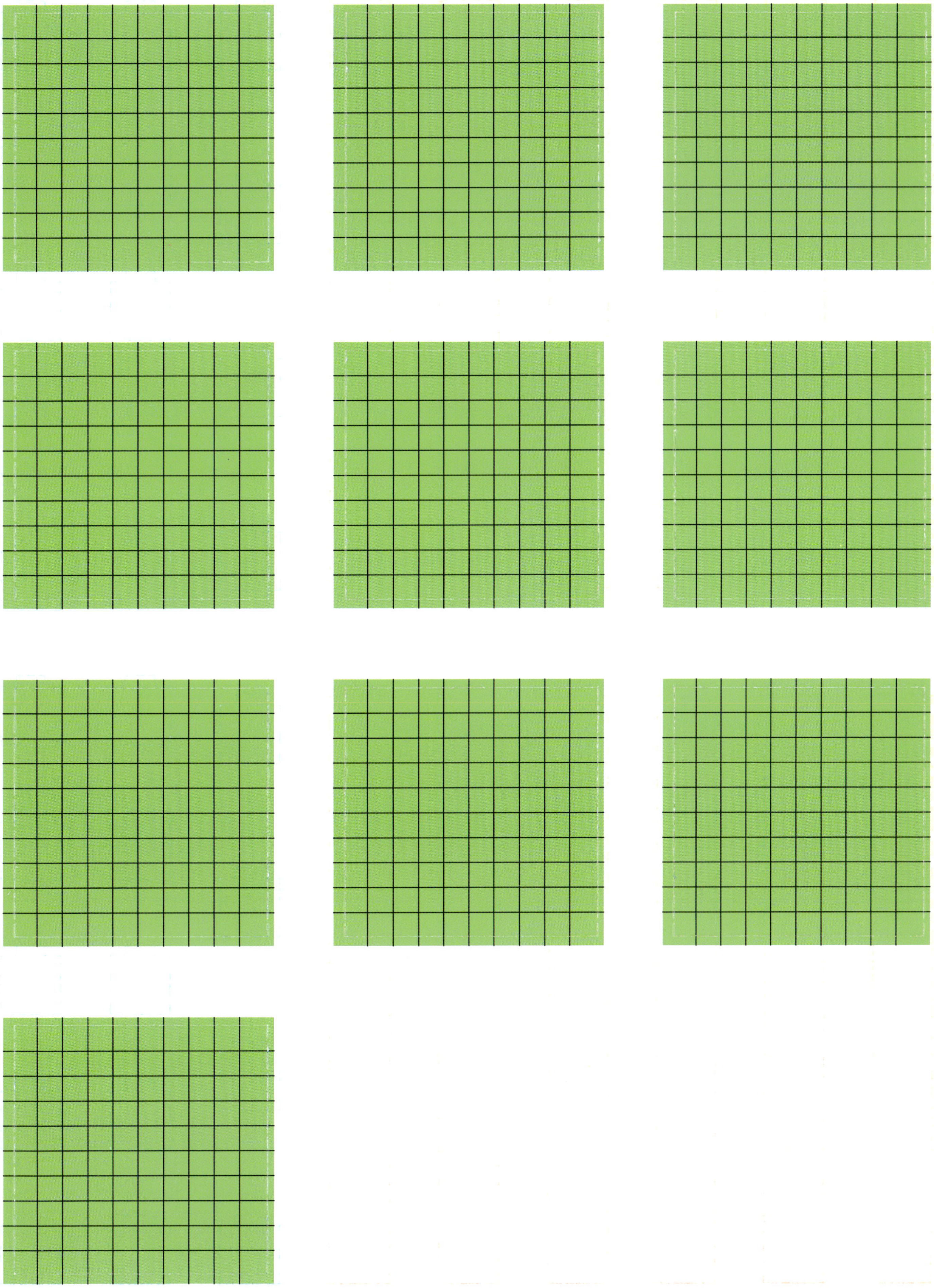

100

100

100

100

100

100

100

100

100

100

Matériel page 3

La monnaie : les pièces

La monnaie : les billets

UB0061605155
605155
5
EURO
ΕΥΡΩ

UB0061605155
605155
5
EURO
ΕΥΡΩ

10
EURO
ΕΥΡΩ

10
EURO
ΕΥΡΩ

10
EURO
ΕΥΡΩ

10
EURO
ΕΥΡΩ

10
EURO
ΕΥΡΩ

UE9 J4 93316
093316
20
EURO
ΕΥΡΩ

UE9 J4 93316
093316
20
EURO
ΕΥΡΩ

50
12345678900
50
50
50

50
12345678900
50
50
50

200
012345678900
200
200
200
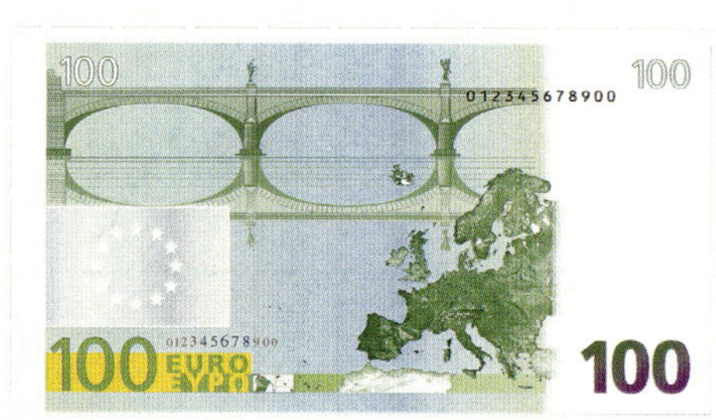
100
012345678900
100
100
100

Matériel page 5

Fiche 137 exercice 2

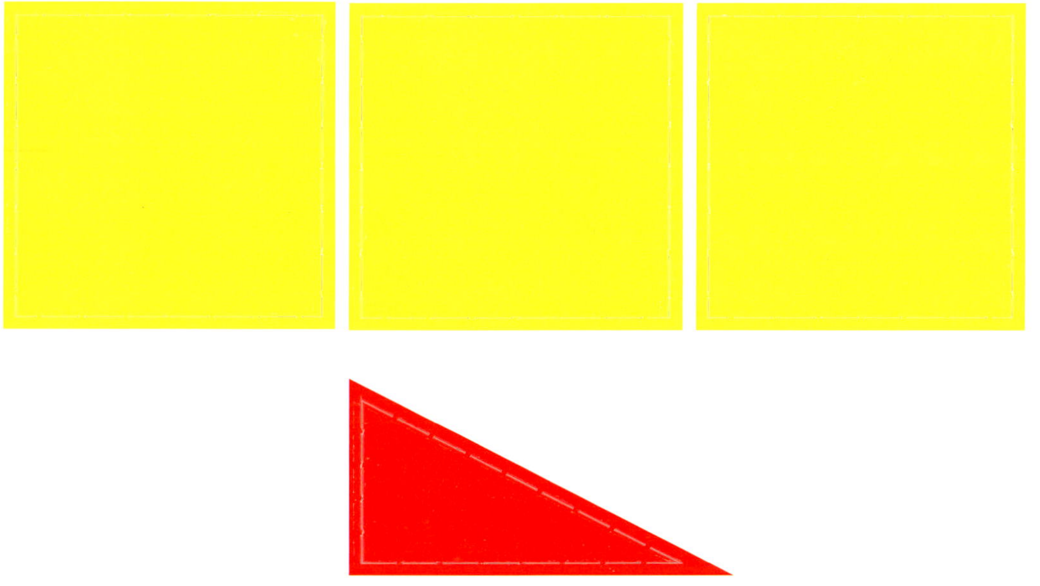

La règle graduée

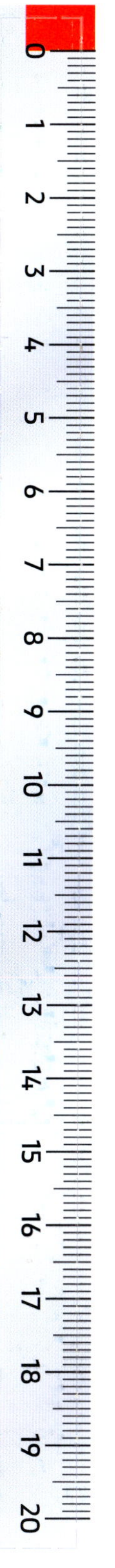

L'équerre

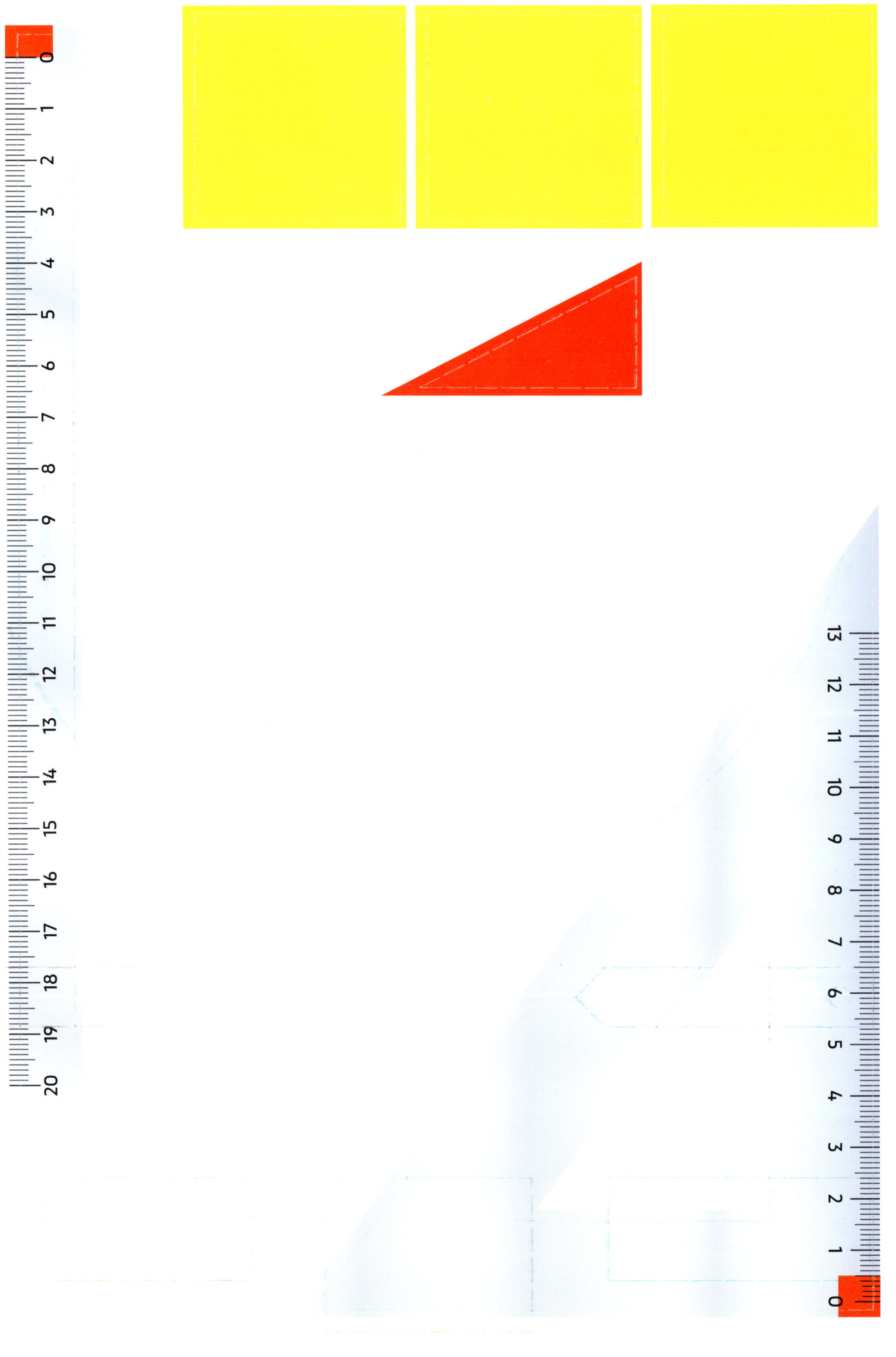
0 1 2 3 4 5 6 7 8 9 10 11 12 13 14 15 16 17 18 19 20
0 1 2 3 4 5 6 7 8 9 10 11 12 13

Matériel page 6

L'horloge

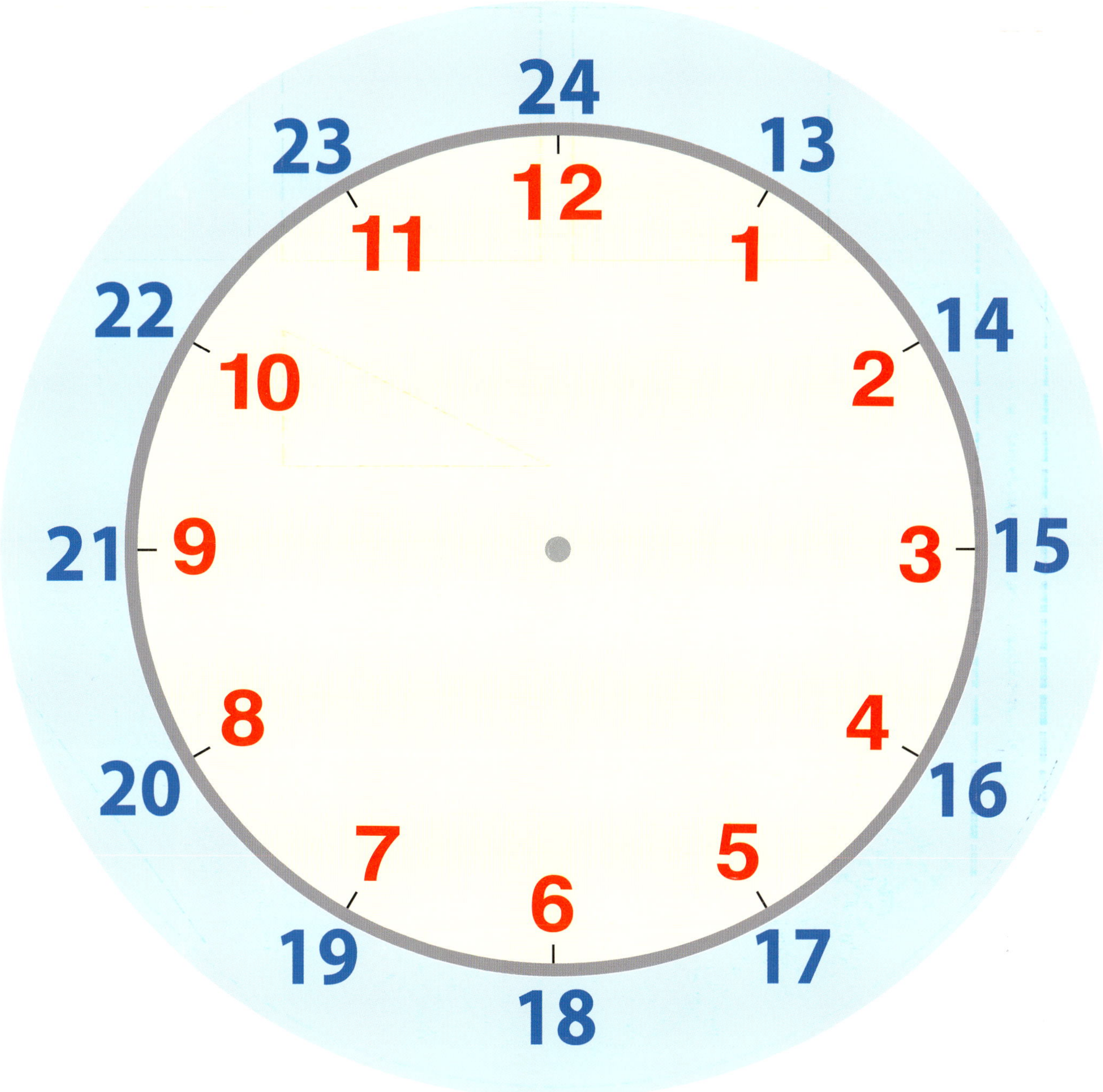

Fiche 124 exercice 1

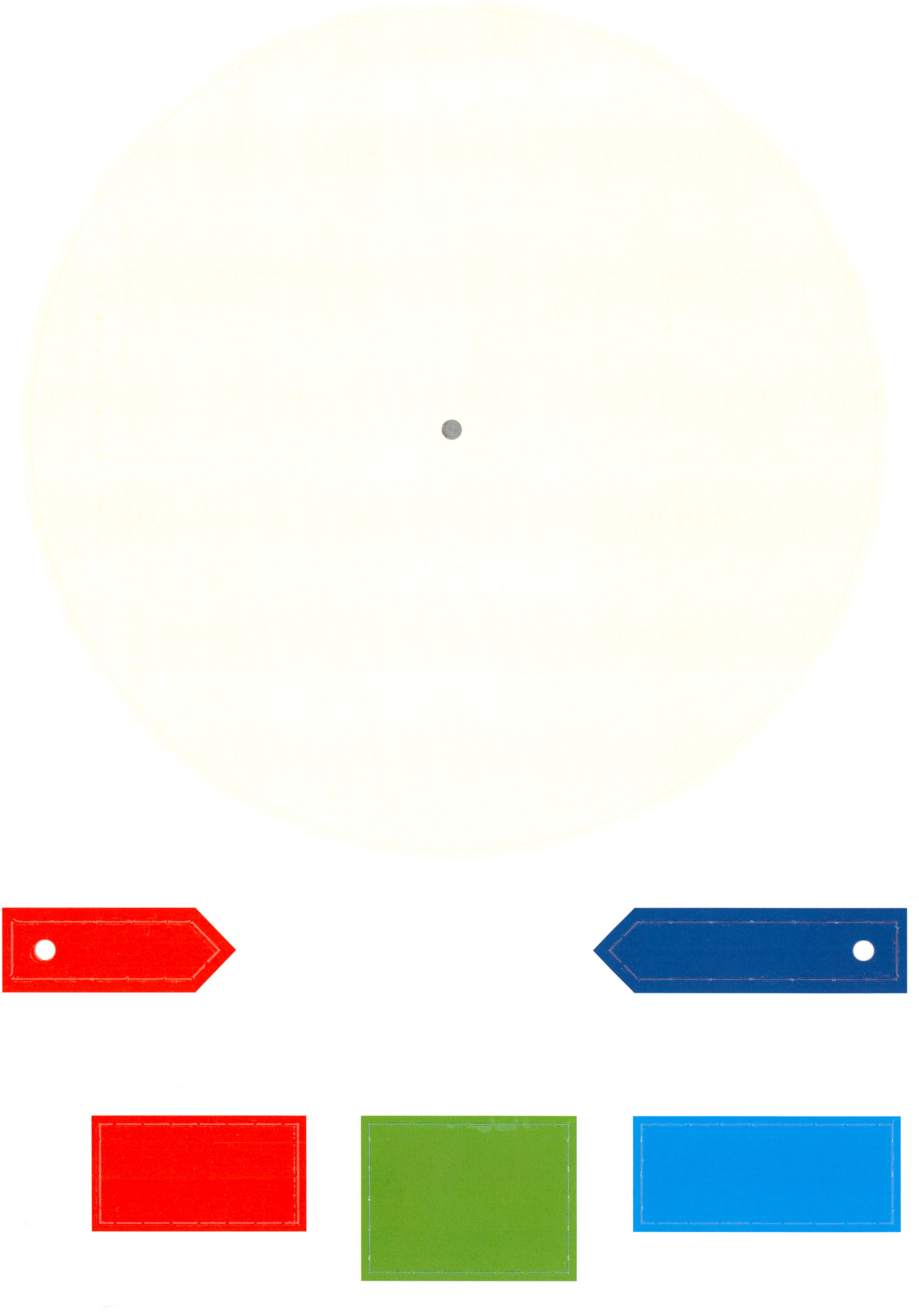

Matériel page 7

L'abaque

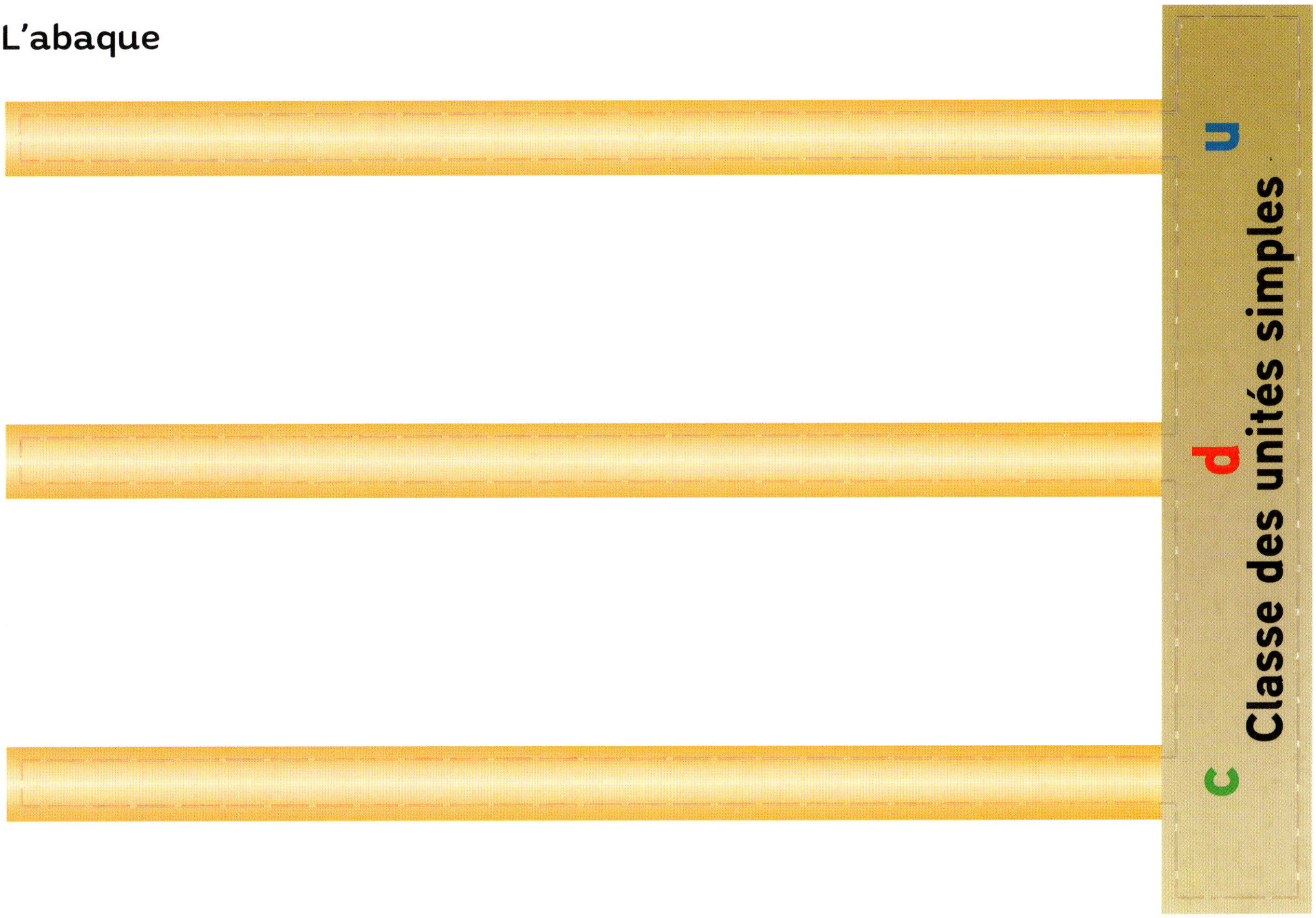

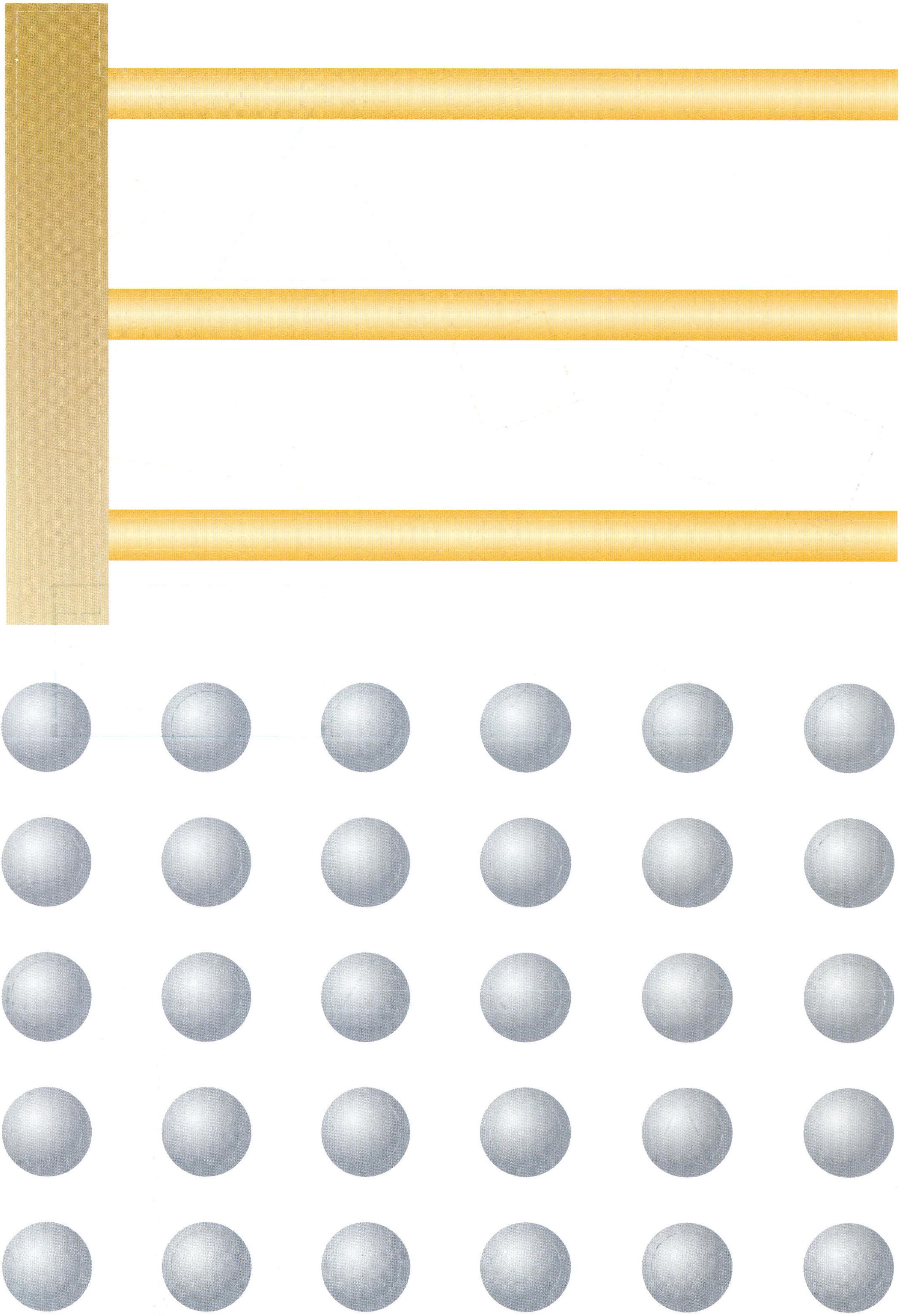

Matériel page 8

Les figures géométriques

Les solides

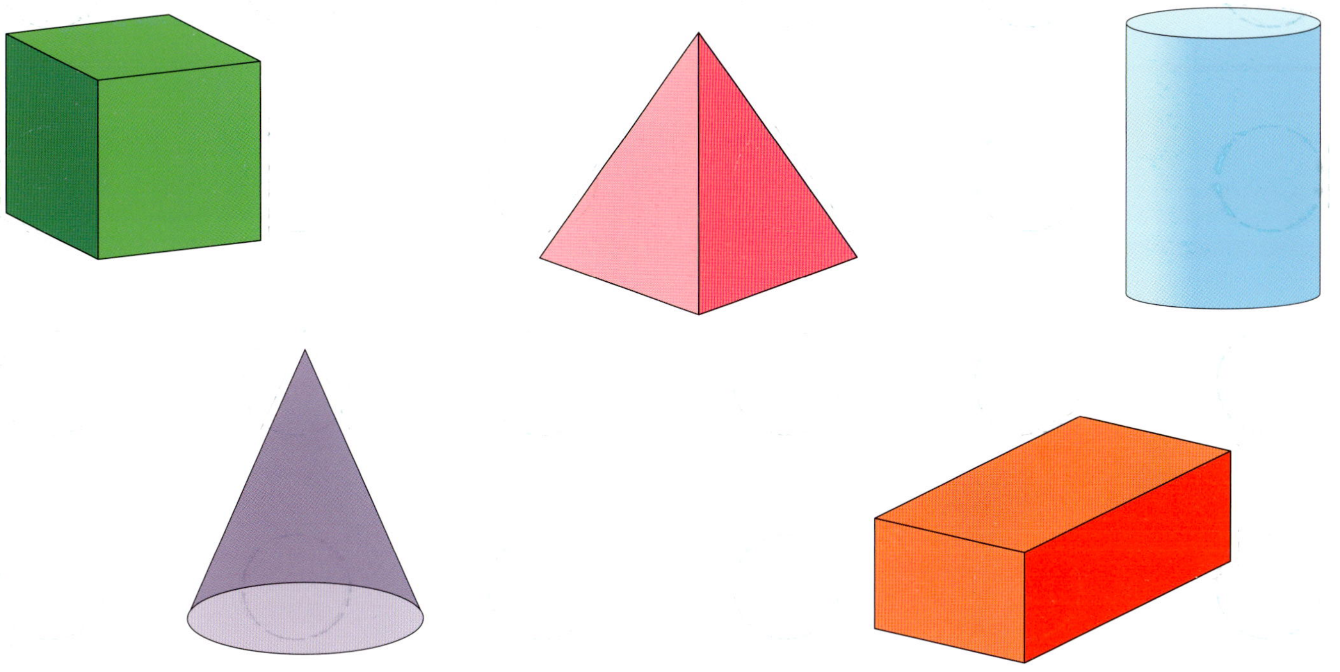

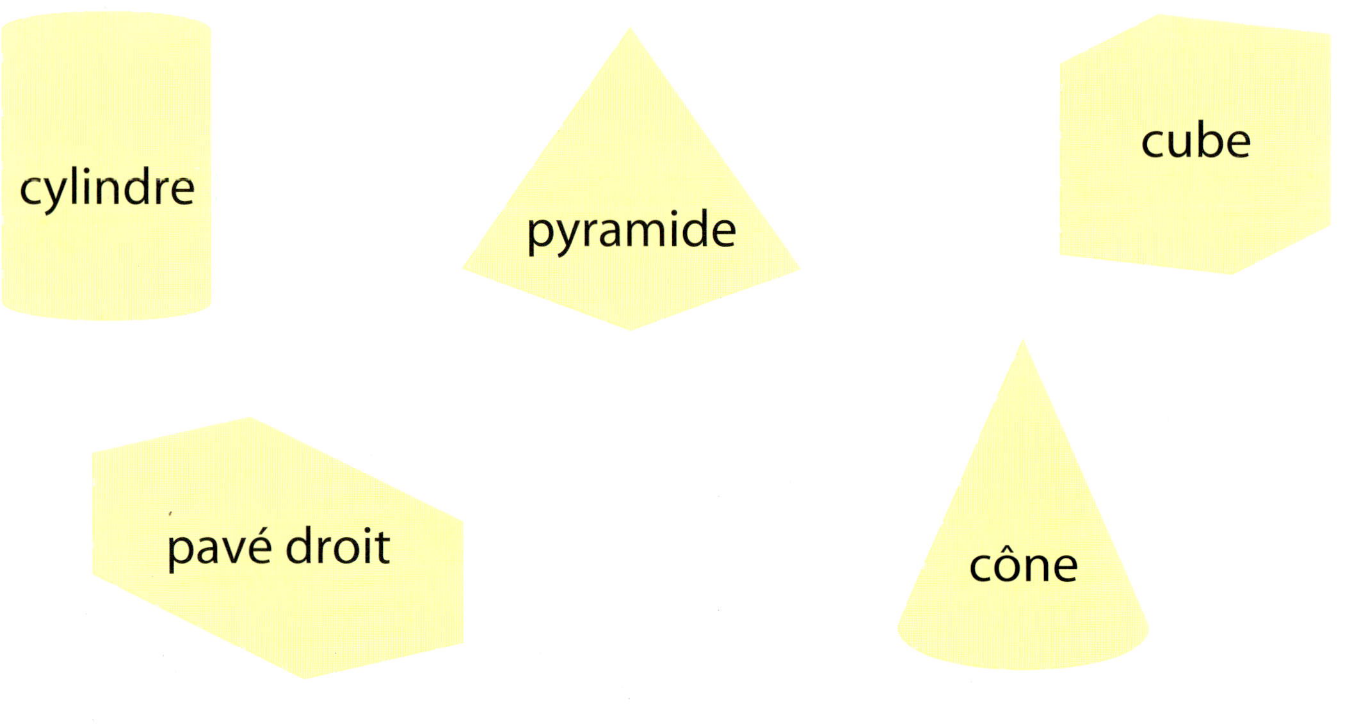
cylindre
pyramide
cube
pavé droit
cône